The Life and Times
of Post-Modernity

后现代性下的
生命与多重时间

〔英〕基思·特斯特 ———— 著
李康 ———— 译

上海文艺出版社

目录

序	1
第一章　界限	7
第二章　特性 / 身份 / 认同	41
第三章　怀旧 / 恋乡	75
第四章　技术	111
第五章　责任	145
第六章　他人	177
第七章　结语	211
参考文献	225
中外人名索引	229
中外主题索引	231
译者后记	233

序

"如果我不是有目的地到这里来，而是意外地发现自己站在这个地方的话，"他蓦地寻思，"那真有点绝望的味道呢。"

——弗朗兹·卡夫卡

真正的栖居困境乃在于：终有一死者总是重新去寻求栖居的本质，他们首先必须学会栖居。

——马丁·海德格尔

……绝对现代化，就是意味着成为自己的掘墓人的同盟者。

——米兰·昆德拉[1]

我在早前的两本书，即《两种主权》和《市民社会》中，力图探讨欧洲现代性的一些希望与灾难。尤其是我试图谈谈，现代性的事业为何似乎老是骤然之间声势浩荡，旋即湮没于无关紧要，并且在一定程度上恰恰是在这份事业的实现似乎已经成为明确可能的时刻。

---

[1] 以上中译分别根据卡夫卡《城堡》，《卡夫卡全集》第四卷，赵蓉恒译，河北教育出版社，第17页，有改动（以保留"绝望"这个词，原中译作"山穷水尽"）；海德格尔《演讲与论文集》，《筑·居·思》，孙周兴译，三联书店2005年，第170页；昆德拉《不朽》，王振孙、郑克鲁译，上海译文出版社2003年，第162页。本书所有注解均为中译者注，以下不再注明。

那些论著其实隐含着这样的假设：要撰述现代性，把它当作是一样引人兴致的东西，而不是某种供人生活、体验、栖居其间的普遍境况（condition），就意味着本人并非不言自明、轻松惬意地处在现代的界限之内。可以说，我已经摆脱了这样的界限。但在某种程度上，我想必也得在某种东西的界限之内，才能知晓自己在什么别样的东西的界限之外。因此可以说，本书关注的是这样一些境况，它们构筑了理据，以便能够察看现代性。

本书当中，我试图更为清晰地刻画，对于自己据以领会现代性的那种境况，我是如何解释的。我想通过这本书，进一步倡导阿尔文·古尔德纳的准则，将摄影师置回图像之中。至于这幅图像是清楚明晰、引人入胜，还是东拉西扯、不成体系，就凭读者诸君定夺了。

因此，本书关注的是，在有关现代性乃至后现代性本身的讨论当中，一些解释上的利害关键与可能条件。不过，我希望本书不仅仅具有自传性的意义（我希望它不仅仅讨论一位孤独的摄影师）。不管怎么说，我是一位社会学家，我力求做些被称作社会学的东西。而作为一名不错的社会学家，我认定自己与芸芸众生一起，居处在一种独特的社会文化情境之中。我并不是一个孑然自处的鲁滨孙式人物，像他那样与世隔绝。要理解你与我，首先就是要理解合力之下使我们成为我们之所是的那些关系。所以说，本书探讨的是社会文化世界，而并非纯属对个人事件的探讨。

因此，《后现代性下的生命与多重时间》通过这些方式，展现出努力超出《两种主权》与《市民社会》中勾勒的疆域而思考。所谓"超出……而思考"，有一部分也意味着我现在对于后现代性的诸般可能与蕴涵，已经远不像早前几本书中那样满怀热忱

(即使在早前，对于有关后现代性的一些重大主张，我也总是挑剔质疑，妨碍着那份热忱）。

话说回来，《后现代性下的生命与多重时间》与另两部著作还是有些共同之处的。尤其是和其他努力相仿，《后现代性下的生命与多重时间》显然也是一部解释之作。在许多方面，它还是一部思辨之作。本书又一次不打算自诩要给出正确答案，也不打算妄言掌握着揭启终极真理的钥匙。我甚至不打算伪称它提出来的必然都是迫切相干的问题，当然，我还是希望它引出的问题都有意思，也有益处。本书无非是这样一份试论（essay），想要搞明白，读着后现代、写着后现代的那些人（就像你和我），在看这个世界的时候，为何与其他人在某些方面截然不同。

我知道，这些旨趣基本上是属于解释性的，大有可能使我的作品（但愿这个词儿不那么夸大其辞）面临不少批评。从许多方面来看，这样的遭遇也是可以接受的，甚至应该积极鼓励。说到底，我现在搞的这种社会学，是要提倡一些别样的（alternative）观看之道，却不给出最佳途径，也并非只有一种替代方案。然而，在我看来，值得花些时间来想想潜在可能的批评意见，说本书就像《两种主权》和《市民社会》一样，代表着一种对于世界的特殊书写，殊少关注"实际生活"中发生的事情，甚至不置一辞。可以说，我倾向于将世界化简为一种书写，一种解读，而我原本应当更加关注对于世界之中的实践和有关世界的实践的思考（也就是说，我把一切都化约为观念，而不是物质性的行动与环境）。

我想，自己表面上似乎老想避免社会学角度的理据这种正统的舞台道具，倒是对与作者们对话乐此不疲，这大概在一定程度上也助长了这种批评。我老是在讨论其他类型的书籍，在从中提取我的"证据"时，往往是出于两点理由。首先，相比于绝大多数的社会学文献，小说实在是要有意思得多，也深刻得多。毫无疑问，它们写得精彩多了。但这基本上属于一种审美角度的理据。其次，还有一种道德角度的理由，也是理查德·罗蒂所强调过的。罗蒂说过："小说、电影和电视节目已经缓慢但却稳固地取代了布道与论著，成为道德变迁与进步的主要载体。"(Rorty, 1989：第 xvi 页) [2] 因此，按照罗蒂的说法，要寻找道德进步与"前行之路"上的标杆，不能诉诸学术界的产品（所以也不能在本书中寻找），而应当转向其他类型的文化生产。不幸的是，我对电影和有益的电视节目所知甚微，所以只能去谈那个对我来说不那么玄秘的世界（也就是文学）。换句话说，我力求秉持罗蒂的立场来进行研究，当然，我也的确是怀疑"道德进步"之类的观念有多大用场（不管这种进步可以被界定得多么自由，多么正派）。

其实，我想要揭启的是，支撑并构成我们在社会层面和社会维度上的现实[3]的那些神话 / 迷思（myth），究竟意义何在。玛丽·道格拉斯对神话 / 迷思的界定很有帮助，即"对于不管怎么说构成了社会生活的那些令人不甘的妥协的思索"。道格拉斯继续说道："透过神话 / 迷思中曲折隐约的陈述，人们能够间接认识到，有一样东西难以公开承认，但人人心知肚明，那就是理想

---

[2] 中译参考理查德·罗蒂《偶然、反讽与团结》，徐文瑞译，商务印书馆 2003 年版，第 8 页，有改动。

[3] 此处原文为"societal and social reality"，"societal"是纵向分割的社会层面，相对于超社会、亚社会之类；后者是横向分割的社会维度，相对于经济维度、政治维度等。

不可企及。"（Douglas, 1975：第156页）一出神话/迷思就是这样一则故事，协调着、应对着社会层面与社会维度之存在的种种冲突与诸般艰难。神话/迷思思索着我们生活中的诸般艰难，要么以某种方式与其取得调和，要么将它们逐出需要言说的事情的情境。不仅如此，神话/迷思还能够说明，我们常常以非凡的信念、担当（commitment）与热忱来守护的那些理想，为何永难企及；神话/迷思会帮助我们应对我们看似没个尽头的挫败。

我在最近几本书里，一直在力图揭示，如何通过一系列的神话/迷思，来解释现代性（这些神话/迷思被称作"社会""共产主义""自由"等，并常常通过"经典社会学"和"社会科学"所自称的科学性而获得理据），能够言之成理，并且在相当程度上也确实不乏意义。但我并不接受这些神话/迷思的字面意义，而是努力解释它们的利害关节、言外蕴涵以及可能条件。所谓关注有关我们世界的写作，其实就是关注有关我们世界的神话/迷思，就是去探寻人们都靠着哪些故事，来做出妥协，为实际活动提供理据，并使挫败可以接受。关注有关世界的写作（其实，即使是最朴素无华的社会学，做起来也是一种写作），有助于领悟生存究竟意味着什么，哪怕在社会维度和社会层面的情境中遭受挫败。这样的强调重点也有助于说明，为什么世界被如此寻常地体验为、解释为一块受界限限制的地方。

综上所述，但愿您能够在阅读本书的同时，也亲身参与本书的写作。这份文本等待着接受挑战：我希望它引导您提出问题，并自己给出解答。我还希望此书能够在一切反思性、解释性社会学都应当做的事情上有所推动（或许这些类型的社会学常常还做得不够充分，老是不得不生活在其姊妹——立法性社会学和平白乏味的社会学——的阴影之下)。我希望《后现代性下的生命与多重时间》将在一定程度上有助于使世界的意义更趋丰富多元,让我们能够自己打造这个世界,而无须别的什么人来告诉我们,他们才知道其实什么是最好的。那些目标和希望都是非常有节制的。如果说后现代知识分子应当从现代性中有所借鉴的话(尽管对于后现代性可能意味着什么,我还是有所保留的,但作为一名后现代知识分子,这是我的命运),那就是谦卑(humility)这一课。更具体地说,我宁愿认为,本书不会为以下信念推波助澜:就因为什么东西我们难以领会,它就无权存在。

本书探讨的是社会文化情境中的生活,而书本身也是社会文化关系的产物。我为写作一些有意思的东西所付出的一切努力,都大大得益于我的阅读写作伙伴们组成的小型共同体无私奉献的时间与帮助。因此,我将再一次感谢 Linda Rutherford 和齐格蒙特·鲍曼长期以来对我的深切指教。Chris Rojek 和 Anne Gee 也继续使我确信,为 Routledge 出版社工作,是一份令人愉悦而富有收获的经历。以上诸位帮助我的方式各不相同,但同样重要。不过,这并不意味着他们必然会希望与这部作品的只言片语扯上关系(我猜想,在我表示感谢的这些人士当中,至少有一位会强烈反对本书的议论)。

第一章　界限

格奥尔格·齐美尔曾经有这么一本书,其卷首语拿来做本书的开篇辞似乎同样十分贴切。他写道:"事实上,人方方面面的存在,时时刻刻的行为,都处在两个界限之间,这一点决定了人在这世上的定位。"(Simmel, 1971:第353页)[4]接下来,齐美尔简要概括了他所说的这些界限是什么意思。或许不可避免的是,他认为,规定了人在世上的位置的这些界限,也就是赋予人某种位置和方向的这些界限,可以视为一系列的二元对立:较高等的和较低等的,较重大的和较次要的,较美好的和较糟糕的(话说回来,必须承认,对于人与共同体的根基与确切意义,齐美尔似乎有些语焉不详)。但是,如果这些两极对立不复存在,如果它们不再有能力为人提供定位,让诸般活动与制度具备意义,那么这个世界对我们也就或多或少(另一对二元对立)失去了意义。说到底,"上下之间的界限就是我们所处世界的无限空间而确立方向的手段"(Simmel, 1971:第353页)。[5]

要是没有界限,人在这个世界上将全无能力确立方向。事实上,人也不可能在世上找到位置了。换言之,在齐美尔看来,界限就像是有意图的活动和理解的前提条件。如果没有界限,"我

---

[4] 中译系自译,可比照西美尔《生命直观》,刁承俊译,三联书店2003年版,第1页。

[5] 中译系自译,可比照同上引,第1页。

们所处世界的空间"其实就是无限的。它会如潮涌来,将我们淹没,似雷惊起,令我们震愕。这种无界限性的状况推而论之,若是没有界限所提供的两种极为重要的可能性,即确定的位置和某种定向方式,人就会将世界领会成广袤无垠。因此,相比于无限,人也相应被规定为渺小。个体抑或整个人类要想在世上显得伟大,除非将世界的限制牢固确立于不难理解的概念界限与解释界限之中。

在这里,齐美尔似乎是在暗示以一种本质上审美式的眼光,也即康德式的眼光来看待事物。若是没有界限,为从事理解的主体行动者寻觅并确立位置,人类相对于事物就会变得渺小。你甚至可以说,人宛如沧海一粟。世上的事物就此被领会为缥缈高远(sublime),或许也因此带有几分威慑。齐美尔明确指出,界限不仅确立方向,而且还提供安全感,解释上的确定性,以及世界的可理解性。不妨说,幸亏有这些界限,浩瀚的大海才有可能成为一泓清池,而人才有可能成为池中的金鳞。界限确保了人不一定非得面对"我们所处世界的无限空间"那种暧昧的缥缈高远。

至此必须承认,对于这些界限的地位,齐美尔说得其实非常含糊。他视之为给定的东西,只打算探求其连带意涵。诚然,齐美尔说明了界限有助于使世界、人以及个体的此世存在变得可以理解,但他似乎没有说明这些界限缘何而来。齐美尔并不准备回答它们究竟是个体层面的表征、社会层面的建构,还是对于类存在的表征?抑或可以理解成近似于"理念"(Ideas in Reason)或先验范畴?齐美尔并未明确指出,究竟是界限规定着"社会"层面,还是相反,"社会"层面以某种方式规定着界限。事实上,他只是将界限和此世存在作为给定的东西,并力求揭启两者之间究竟是如何相互作用的。

齐美尔主张，界限与存在的东西（齐美尔谓之"生命"）必须结合在一起才能得到理解（换言之，借用社会学话语中另一股传统的术语，齐美尔十分明智地避开了结构与能动之争的陷阱）。他坚信，若无界限，此世的生命（即存在）将是非常贫乏的，也肯定是极难领会的。无论如何，

> 分享那些包含着我们此时此地的长短优劣、明暗显隐的现实、趋势与观念，……将赋予生命两种虽然常常矛盾但却相互补充的价值：丰富性与确定性。
>
> （Simmel，1971：第354页）[6]

因此，在这里，齐美尔的意思是说，界限就在于千方百计要规定意义，但界限的存在和被接受本身就奠立了坚实的根基（也就是给定的意义），社会维度和社会层面据此可以规定自身。

所以说，受到规定和自我规定是同一个连续统的两极。齐美尔写道：

> 我们依据这些连续项得到限制，我们自身也囿于其区段之中，形成了某种坐标体系，仿佛经由这一体系，可以确定我们生命的各个部分与内容。
>
> （Simmel，1971：第354页）[7]

或者换句话说，要是没有界限，像这样一本书，即使宣称要

---

[6] 中译系自译，可比照同上引，第1至2页。
[7] 中译系自译，可比照同上引，第2页。

对社会维度和社会层面的东西做出解释，其实是什么也说不了。但像这类的书，根植于现有社会学话语的界限之中，并力求做出些微超越，事实上也是可能存在的。这不仅是要凸显界限的位置所蕴含的某种矛盾，而且更重要的是间接指出，人们为什么会认为，自己所参与的种种社会文化活动是自我构成的（文化被理解为此前文化的产物）。究其根本，在齐美尔看来，重要的是要认识到，原则上，某种界限的存在，其实或许旨在超越此类界限的社会活动或文化活动的前提。

按照齐美尔的说法，"界限是不受条件限制的，因为其存在本身构成了我们在世上的给定位置"（Simmel, 1971：354）。[8] 然而，与界限的无条件性、构成性地位恰好相反，同样可以说，"没有任何界限是不受条件限制的，因为每一种界限原则上都可能被改变、逾越或绕过。"将界限的这两种维度综合起来看，也就是将无条件性的存在与有条件限制的实践相结合，齐美尔自信地做出结论："这一对说法似乎阐明了生命行动的内在统一性"（Simmel, 1971：354）。[9] 换言之，这就是社会文化分析的魔法石。

因此，根据齐美尔的看法，界限为存在指引了方向，为存在确定了位置，也是超越界限本身的前提。这是因为，若无界限，若无定向和定位，社会文化活动本身就会沦为在世上漫无目标的胡乱折腾。要是没有界限，社会文化活动就不会具备任何形式，顶多是无形式的内容。如此一来，齐美尔提出，是界限创造了形式，而形式又是意义和解释的基础。齐美尔在《现代文化的冲

---

[8] 中译系自译，可比照同上引，第2页。
[9] 中译系自译，可比照同上引，第2页。

突》这篇重要文章中,十分清晰地揭示了这一点。他认为,所谓文化,指的是这样一种过程:"生命创造出某些特定形式,并通过这些形式表现其自身,实现其自身,包括艺术、宗教、科学、技术、法律等方面的作品,其他种种,不胜枚举。"(Simmel, 1971:第 375 页)[10]

可以说,文化蕴涵了生命有可能实现自身的全部事业。但文化也蕴涵了生命以受界限限制的形式得以实现的那些事业。文化产品本身就属于让生命能够被理解的形式:"这些形式蕴涵了生命之流,提供给它内容与形式,自由与秩序"(Simmel, 1971:第 375 页)。[11] 比如说,正是凭借着现代艺术(像是立体主义)的种种形式,我们现在才得以换一种眼光来看世界。在一定程度上说,那种新的看法、新的自由能够延续多久(即其文化寿命),取决于立体主义的意义与性质在何等程度上确立于界限之中(也就是说,很容易识别并区分毕加索创作的立体主义阶段与其更符合传统惯例的画作)。自由与秩序携手并行。现代艺术确立了新的形式,后者又创造出新的生命维度。但只有当艺术形式具备某种独立于生命的地位,才能实现这一点(表现为"为艺术而艺术"的原则)。

话说回来,尽管有必要强调作为形式的文化与作为活动的生命(生命作为对于界限的超越)之间的这种辩证关系,但界限蕴含着持恒性,这就意味着它们与原则上构成了它们的那些活动保持着距离。诚然,界限为社会文化活动开辟了空间,奠立了根

---

[10] 中译系自译,可比照西美尔《现代人与宗教》,曹卫东等译,中国人民大学出版社 2003 年版,《现代文化的冲突》(王志敏译),正文第 23 页。
[11] 中译参考同上引,正文第 23 页。

第一章 界限

基。但它们要想履行这些蕴示着解释上的自信的功能，本身在一定程度上就必须被想当然地接受。受界限限制的形式是限定的（fixed）；它们确立了生命的意义。是界限使得生命蕴含意义。不过，生命作为某种具有定位的东西，更耐人寻味的是作为某种导向（即生命作为向着不同于此处的别处前行），蕴含着意义，这本身就意味着生命的流动溢出了持恒的界限，这一点至关重要。也就是说，生命是一种过程，是一种对于限定在形式中的时间与位置的超出。界限让生命变得可以领会，它们坚固而持韧，相形之下，生命流变不居。

限定（fixation）与流变（fluidity）之间的矛盾就是齐美尔所宣示的现代文化冲突的实质。对于这一点，齐美尔的论述同样精彩：

> 这些形式为创造性的生命构筑了框架，不过，创造性的生命很快又会超越这些形式。受界限限制的形式要求获得固定的特性[12]，获得自身特有的逻辑和合法性。而这种新的刚性（rigidity）又势必会与创造了形式、使形式获得独立的精神动力保持一定距离。

（Simmel，1971：第375页）[13]

形式与生命之所以各自独立，就是因为生命前行不止，而由界限所确立的形式却必然倾向于一定程度上的限定性。如此一

---

[12] 英文原文为"identity"，此词在全书中有"特性"（即同一性）、"身份"和"认同"等义，中译为了凸显其间的相互联系，更准确的说是逐渐递进的关系，在绝大多数地方采用了"特性/身份/认同"的译法。

[13] 中译系自译，可比照西美尔《现代人与宗教》，曹卫东等译，中国人民大学出版社2003年版，《现代文化的冲突》（王志敏译），正文第23页。

来，从生命的角度来把握那些让生命变得可以领会的那些界限，就是实际上或潜在地具备约束性。它们肯定会被理解为对于自由构成实际或潜在的约束。按照这样的解释，界限就展示出物化的倾向。

我们从齐美尔对于时间这一形式的界限的讨论中，可以提炼出生命与形式之间、界限与超越之间的这种辩证冲突的例证。齐美尔提出，有了时间的概念，生命被分割成一系列受界限限制的领域，被称作过去、现在[14]与未来。生命经由时间而被赋予某种导向，有了此前与此后，也有了增强和趋弱。倘若失去了时间的界限（昨天、今天和明天）所赋予的导向，生命就只不过是同样一种东西的持续不断、不可避免的重复。不仅如此，时间这一受界限限制的形式以如此方式运作，还使得现实这一标签只能赋予那些属于现在的状况和关系。不过，按照齐美尔的说明，"就这个词严格的逻辑意义而言，现在的涵义无非是某一时刻的绝对的'无延伸性'（unextendedness）。它在时间中的渺小，一如一个点在空间中的地位。"（Simmel, 1971：359）[15] 换言之，现在这一精确时刻，宛如巨幅画布上的一个小孔。现在始终处在此时此地（当艾略特在其《小吉丁》一诗中将世界化约为'现在，在英格兰'时，试图把握的就是类似的意义）。[16] 不过，一旦现在被理解为

---

[14] 英文原文为"present"，本书许多地方也译作"当下"。
[15] 系自译，可比照西美尔《生命直观》，刁承俊译，三联书店 2003 年版，第 7 页。
[16] "……你以为你所以来的目的／仅是一个外壳，意义的外壳，／目的只有在实现时才会从外壳中进出——／如果真有目的的话。要不是你就没有目的，／或是这个目的超过了你的预计，／而在实现时又已改变。还有其它地方，／……可这是最近的，在地点和时间上，／现在，在英格兰。"，见托·艾略特《四个四重奏》，裘小龙译，漓江出版社，1991 年版，第 217 页。

时间中的一个时刻，情境就会发生相当的变化。因此，现在"所意味的无非是过去与未来的对接，单凭后两者就可以构成具有一定跨度的时间，也就是实时时间。可是，由于一个不复再现，另一个尚未到来，现实依然只能附着于现在"（Simmel，1971：第359页）。[17]

所以，根据齐美尔的看法，可以把时间理解为一系列的界限，为在这个世界上界认并施加意义（identification and imposition of meaning）开辟空间。生命经由时间这一形式，成为与过程和变化具有内在固有关联的东西。当然，尽管时间使存在具备了意义，但这种存在本身并不完全契合于相当机械的界限的刚性。齐美尔又一次努力揭示，无论有什么样的界限施加在生命上，生命其实总要去超越它。时间这一形式的运作方式使得现实无非属于现在，从而使其本身在一定程度上外在于时间（在某种程度上，我们始终处在'现在，在英格兰'），尽管如此，生命还意味着现实被施加在过去和未来（举个简单的例子：今天我所了解到的现实，就是我的昨天）。

换句话说，现实在形式上的地位是作为限定的现在，而其在生命中的地位则具备固有的流变性，这两者之间具有某种矛盾，某种文化上的冲突。齐美尔如此谈论限定的实在："以主体的方式度过的生命不会与之取得调适。这样的生命觉得自己是时间（即流变）维度中的某种实在，无论这样的感觉是否能够在逻辑上获得论证。"他还继续举例说明形式与生命之间的冲突，指出日常言语中所说的"现在"这个词，"从来也不只是其概念意义

---

[17] 中译系自译，参考西美尔《生命直观》，刁承俊译，三联书店2003年版，第7页。

上的那种精确时间性"。相反，日常用法中"始终包括一点过去，也包括较少的一点未来。"（Simmel，1971：第 359 页）[18]

就这样，齐美尔通过以时间为例，提出生命相对于形式，相对于使生命具有意义的界限，具有超越性。事实上，在齐美尔看来，假如生命不被理解为具备超越性，假如不假定生命会溢出静滞的界限标志，那么文化就会被体验为某种势不可挡的压迫，而生命本身也就很难说有什么生活下去的价值。其实在齐美尔眼里，我们饶有兴趣地谈论着界限，这本身就证明了有能力超出界限，了解界限是什么东西，从而让世界有所更新。诚然，全盘重构的机会总是相对有限的，因为要了解有多少机会能够为自己打造世界，我们其实就得处在界限之中。"每个限制都……会被超越，但肯定只是因为有限制存在，也就是说，存在某种东西有待被超越"（Simmel，1971：第 358 页）。[19] 所谓内部和外部，所谓形式及对形式的超越，根本就分不开。相反，只有把这些东西当成某种辩证关系的相对各方而加以理解和分析，它们才能具有意义。诚如齐美尔所言，"我们并不只是处在这些界限之内，而是由于我们觉察到这些限制，就已经超出了它们。只有这样考虑问题，才能够使我们免于对它们、对我们自身的局限与有限性感到绝望。"（Simmel，1971：第 358 页）[20]

在这里，当齐美尔提出，我们超越界限的能力多少成了使我们免于对受界限囚禁感到绝望无助的唯一指望，可不只是在制造

---

[18] 中译系自译，参考同上引，第 7 页。
[19] 中译系自译，参考同上引，第 7 页。
[20] 中译系自译，参考同上引，第 6 页。

恐慌。不管怎么说,"生命只能通过形式表现自身,实现其自由;而形式又必然会窒息生命,阻碍自由。"(Simmel, 1971:第391页)[21]齐美尔知道,在分析里,在理智上,生命应当有能力超越那些赋予其导向和意义(并由此试图遏制生命)的界限,但他也明白,在实际当中,界限会逐渐被理解为僵化和物化的东西,能够像一座极其有效的监狱那样运作。

形式和生命应当会在辩证冲突当中共同运作,而这意味着某种创造性的综合,但在事实上,形式与生命却似乎彼此背离。形式规定了生命,如此一来,生命就被剥夺了自我规定的能力。齐美尔知道,"尽管这些形式乃是源于生命过程,但由于它们独特的聚合架构,它们并不同样具备生命的不息节律,盛衰涨落,持续更新,不停分裂与重新统一。"(Simmel, 1971:第375页)[22]在人们的理解中,界限越来越倾向于否定,那些被界定为难以领会的东西,其存在也自有其合法性;与此同时,生命却越来越蕴含着那些难以领会的东西的生产。齐美尔笔下的恐慌乃是围绕着这样一种可能性:生命内在固有的难以领会性最终将完全受到界限限制,完全被征服。

齐美尔感到,自己已经知悉社会文化现实的真理。生命其实是受到囚禁的。因此,原本应当带来希望的原因会很容易演变成导致绝望的原因。这或许就是齐美尔讨论货币的社会文化效应的著作所要传递的核心讯息之一。根据齐美尔的解释,以货币为基

---

[21] 中译参考西美尔《现代人与宗教》,曹卫东等译,中国人民大学出版社2003年版,《现代文化的冲突》(王志敏译),第42页。

[22] 中译参考同上引,正文第23页。

础的经济，以及作为价值符号的货币的使用，是以现代都市为其家园的。对于此前存在的东西，货币的影响正犹如都市本身的影响，都具有革命性。按照齐美尔的说法，"货币关注的是普遍共有的东西：它要求的是交换价值，将一切性质、所有个别性都化约为这样一个问题：多少钱？"（Simmel, 1950：第 411 页）[23] 换言之，货币具有确立形式高于生命的效果。

在齐美尔看来，货币既是以劳动分工为标志的复杂都市社会中社会活动的产物，也是这类社会活动的表征。货币最初乃是源于便利城市中的生命与交换的需要，但它没能保持作为一种单纯的手段，反倒成了独立的目的。它没能扩大生命的情境，反倒大大收紧了界限。如此一来，货币就成了一种理性的形式，不仅限制着生命，而且变本加厉，试图规定生命，从而囚禁了生命（借用奥斯卡·王尔德的话，对一切东西的价格 [price] 了如指掌，却对一切东西的价值 [value] 一无所知）。这样就出现了一种冲突："人与人之间所有亲密感性的关系都是建立在个体性的基础上，而在理性的关系中，人只是作为数字被计算，作为本身无关紧要的元素。只有客观的、可测量的成就值得去关注。"（Simmel, 1950：第 411 页）[24]

不仅如此，齐美尔显然看不到有多少切实的理由，甚至毫无理由，能够指望超越那些本身受到约束也起到约束作用的界限。相反，在货币经济面前，齐美尔眼中辩证性的希望就在一定程度

---

[23] 中译全文可参看西美尔《大都会与精神生活》，费勇译，收于汪民安、陈永国、马海良主编《城市文化读本》，北京大学出版社 2008 年版，第 132 至 141 页，本句参见第 133 页，有改动。

[24] 中译参看同上引，第 133 页，有改动。

上遭到了质疑。无论如何，货币构成了客观性之网，它涉入了一切现代都市交换关系。如此一来，情感的或道德的纽带就几乎无处容身了。作为系统的货币矗立于都市化的人类与个体之上，作为自在的现实而与众生男女对峙。事实上，"由于货币以残酷无情的客观性衡量一切客体对象，还由于这样衡量出来的价值标准决定着它们的关系，也就浮现出一个由生命的客观性、个人性特征编织起来的网，近似于依自然规律运行的宇宙。"（Simmel, 1990：第431页）[25]这种近似性就在于，事实上，货币和宇宙都被领会为、理解为完全统合、连绵持续的环境。不仅如此，在齐美尔看来，无论是货币还是宇宙，都可以理解为遵循着因果律。

齐美尔通过研究货币，提出以下观点，并举例说明：为社会层面定位并赋予其某种导向的那些界限，可以在相当程度上确立和物化，乃至于不再成为人类自由和社会自由的框架。相反，它们逐渐具备了通常与自然力量维系在一起的那些属性。它们约束着生命，规定着生命的性质，从而约束了自由。因此，"个体已经成了巨大的组织中的一个齿轮。"这种组织涵括了货币经济、城市和劳动分工（也就是说，这种组织涵括了所有那些将生命化约为客观计算问题的东西），将"一切的进步、精神性和价值"都置于社会层面和文化范畴的界限之外，"以便将这些东西从其主观形式转化为纯粹客观生命的形式"（Simmel, 1950：第422页）。[26]从许

---

[25] 中译参看西美尔《货币哲学》，陈戎女等译，华夏出版社2002年版，第347页；或齐美尔《货币哲学》，许泽民译，贵州人民出版社2009年版，第430页。均有改动。

[26] 以上中译参看西美尔《大都会与精神生活》，费勇译，见《城市文化读本》，第140页，有改动。

多方面来看，卢卡奇有关物化的分析都可以解读为对于齐美尔的主题的回应，只是中间经过了马克思的折射。话说回来，卢卡奇本人对于齐美尔的意义的评价倒是颇为不屑，参看 Lukács, 1991。

至此可说，齐美尔对于现代文化冲突的反思深刻透彻，从许多方面来看都十分出色。这些思考耐人寻味，值得从其自身角度详加审察。话说回来，或许更有意思的是，齐美尔所讲述的故事在何等程度上深切渗透进现代人的意识。甚至可以说，对于欧洲现代性最重要的神话/迷思之一，从齐美尔那里可能找到极为清晰的表述。有一些故事与齐美尔所讲述的在叙事上非常类似，对现代性大加嘲讽（当然，这并不是要否认，在本体论层面和道德角度上存在一些非常深刻的差异。在更为深切的认识论层面上，这些故事非常不同，但单纯作为叙事，作为神话/迷思，它们的确展露出一些重大的相似之处。作为现代性的神话/迷思，它们所讲述的东西彼此相当）。马克思讨论了资本主义生产关系中的商品的拜物教特征，可以解读成在反思僵化了的文化形式有多少能力规定存在并且独立于存在（Marx, 1938）。而这种神话故事还有一种不那么信心满满的说法，那就是埃德蒙德·胡塞尔重要的《维也纳讲稿》。[27]

根据胡塞尔的讲法，到了二十世纪三十年代中期，欧洲精神已经陷入深重危机。而导致危机的原因，就是自然主义的科学的发展与巩固。这种科学明确区分了自然范畴与主观角度上蕴含意义的生活世界，前者受技术性、客观性的探究方法所主导，而后

---

[27] 胡塞尔的《欧洲科学的危机与超验现象学》是他先后在维也纳和布拉格的讲演辑录。

者则干脆被逐出了针对可知范畴的研究议程。换言之，胡塞尔是要提出，对于自然的形式的考察，是以牺牲对于生命本身的认识为代价的。胡塞尔自认是在努力揭露，所谓外在的客观范畴和内在的主观范畴之间的断裂是虚假的。他希望"揭示，在'现代'，对数百年来的理论成就和实践成就如此自傲，却为何会陷入愈益加剧的不满，事实上，必须把它的处境看成是某种危难"（Husserl，1970：第294页）。

胡塞尔之所以认为陷入深重危难，是因为事实上"在自然科学的浸淫中成长起来的人会想当然的认为，纯粹主观性的东西都必须予以排斥，而自然科学方法虽然是以主观性的呈现方式展示自身的，但却从客观性的角度确定一切。"（Husserl，1970：第295页）如此一来，生活世界就变得无关紧要，科学无需诉诸其主观性就可以运行，其实，之所以可以谈论科学，就是因为它可以在界限之内被客观化，被规定"直觉给定的周遭世界，也就是这个纯粹主观的领域，在科学考察中是被遗忘的，所以进行研究工作的主体本身是被遗忘的，科学家本身并没有成为考察的主题。"（Husserl，1970：第295页。这句话也完全可以用来说另一种趋势：具有立法倾向的社会学大多忘记了社会学家本身。比如说，塔尔科特·帕森斯的研究就可以视为典型地体现了胡塞尔认为客观性所产生的那些问题和困难）。在胡塞尔看来，只有让哲学重新肯定生活世界的活力与意义，才能拯救欧洲的精神，免于被遗忘的可怕后果。因此，从许多方面来看，胡塞尔的现象学哲学也属于一种道德方案，要帮助生命超越其自然科学化的、客观性的界限。胡塞尔是要论证，将作为主观性的生命从物化这一客观化的僵化形式中拯救出来。

胡塞尔的主题与忧惧也贯穿着米兰·昆德拉的探问,尽管两者颇为不同,但究其道德根本,却是非常相似(应当再次强调,我很清楚,这样从胡塞尔跳到昆德拉,在认识论基础和本体论基础上或许有欠妥当,但如果把他们所讲述的故事都解读成有关现代性神话/迷思的阐述与反思,那这样处理似乎也站得住脚)。昆德拉探讨了胡塞尔的立场,并从这一角度来界认自己的小说。不过,胡塞尔乐观相信,现象学哲学有能力重新把握生活世界的超越性,齐美尔或许是把希望寄托在社会学研究的去神秘化潜力,而昆德拉则诉诸小说,这倒不让人奇怪。但真正起作用的并不是什么小说,而只能是充分认识到"受到诋毁的塞万提斯遗产"的书(Kundera,1988)。[28]

在昆德拉看来,塞万提斯几乎可以说是一手催生了现代。关键在于,对塞万提斯笔下的主人公/英雄(hero)堂吉诃德来说,世界不再具有完整彻底、不言自明的意义。由上帝的形式和形象所赋予的确定性已经坍塌。在人们的体验中,生命成了某种全无必然方向或意义的东西。"堂吉诃德从家中出来,发现世界已变得认不出来了。"他策马前行,漫无目标,没有上帝之手的指引。"世界突然显得具有某种可怕的暧昧性;唯一的、神圣的真理被分解为由人类分享的成百上千个相对真理。"(Kundera,1988:第6页)[29]

换句话说,塞万提斯通过他的小说所描写的这个世界,以及

---

[28] 参看昆德拉《小说的艺术》,董强译,上海译文出版社 2004 年版,这是第一部分的标题。

[29] 中译据同上引,第 7 页。

在这个世界上的存在，已经彻底超越了形式，或者至少是承诺如此。小说完全是随兴所至，没有时间之类的形式能够限制小说的内容，并由此赋予其方向。正如昆德拉所言，"最早的欧洲小说讲的都是一些穿越世界的旅行，而这个世界似乎是不受限制的"（Kundera, 1988：第7至8页）。[30] 因此，在昆德拉看来，小说乃源于对世界的暧昧性的反思，包含着所谓"不确定性的智慧"（Kundera, 1988：第7页）。[31] 像《堂吉诃德》这样一部小说，讲述的是超越性的生命。书是对所有限定界限的一种挑战，也是一种征服。它是对于生命的证言。事实上，昆德拉似乎把《堂吉诃德》之类小说中所蕴涵的探究方式的遗产，完全等同于胡塞尔试图通过相当不同的策略予以拯救的那个生活世界。

不过，昆德拉对小说状况的讨论并不是盲目乐观的。他和齐美尔相仿，和胡塞尔更是直接类似，都清楚地意识到，一旦界限确立（当然，要想让生命具备意义，界限就必须确立），对生命、生活世界或暧昧性这一塞万提斯遗产的挑战也就受到了限制。昆德拉借用文学来勾勒这一过程的历史，即堂吉诃德在现代曙光将至之时所面临的局面：不受限制的可能性越来越受到约束。塞万提斯笔下的主人公／英雄在很大程度上可以想去哪儿就去哪儿，想怎么理解世界就怎么理解世界。而狄德罗的小说《宿命论者雅克》中的主人公也面临着类似的可能性。但是，随着小说的形式，更广泛地说，随着确立意义并限制生命的那些形式逐渐站稳了脚跟，不受限制的视域也趋于收窄。如此一来，在巴尔扎克

---

[30] 中译参考同上引，第9页，略有改动。
[31] 中译据同上引，第9页。

的小说中,"辽远的视域业已消逝,成为掩映在那些现代结构也就是社会制度背后的风景,前方凸显的是警察与法律,是金钱横行、犯罪肆虐的世界,是军队和国家。"(Kundera, 1988: 第8页)[32]堂吉诃德眼前的世界可以漫无目的地展开,而在巴尔扎克笔下的世界中,时间被重新解释为大写的历史。形式被强加于时间,以使其蕴含意义。

在巴尔扎克之后,到了十九世纪后期,曾经不受限制的视域已经大大缩减,乃至于除了寄托梦想或一死了之,似乎不再有任何逃脱的可能。这种境况对于福楼拜笔下的包法利夫人尤为痛切。但至少还提供了某种逃脱之道。根据昆德拉的理解,在包法利夫人那里,"外在世界失去了的无限被灵魂的无限所取代。"(Kundera, 1988: 第8页)[33]然而,到了卡夫卡的时代,就连灵魂也丧失了它没有界限的性质,就连个人的希望与抱负也已经被卷入了大写历史的滚滚车轮。在卡夫卡所描写的一位主人公看来,"境遇的陷阱太可怕了,宛如一台吸尘器,抽尽他所有的思想,吸干他一切的感情,他只能不停地想着对他的审判,想着他那土地测量员的职位。"(Kundera, 1988: 第9页)[34]实际上,在短篇小说《变形记》中,一觉醒来,发现自己已经变成了一只巨大的甲虫,而这种状况最让人不寒而栗的后果,却是可能上班会迟到(而在这篇故事中,对人性的摧毁已经成了一桩可笑的意外事件)。在卡夫卡的长短篇小说中,"灵魂即使说曾经存在过无限

---

[32] 中译系自译,可参考同上引,第10页。
[33] 中译据同上引,第10页。
[34] 中译参考同上引,第11页,有改动。

性，也已经变成几乎毫无用处的赘生物。"（Kundera，1988：第9页）[35] 堂吉诃德策马远行，为自己施展一场冒险，也就此为自己打造一个世界。而卡夫卡所塑造的那些人物，孤苦凄凉，形象讨嫌，拥有的是给他们规定好的冒险的意义。他们的生命完全受到僵化形式的限制，在他们的理解/忧惧（apprehend）中，这些形式自行存在，基本上独立于社会或文化方面的干预。

不过，昆德拉揭示这种囚禁状态，却是希望为超越这样的境况至少发挥一定作用。似乎可以这样说，昆德拉会发自内心地赞同齐美尔的主张，即"所有这些形式都是出于对生命的约束，而生命却希望以创造性的方式，从自身之中涌溢而出"（Simmel，1971：第381页）。[36] 在昆德拉看来，通过重建塞万提斯的精神遗产，或许可以重授生命的创造性愿望。

因此，关键似乎在于，针对文化中形式与生命之间的这种冲突，可以从物化和反思性之间的二元对立的角度来理解。有关这种冲突的叙事是有关现代性最流行的故事之一，我提到的只是几个特别耐人寻味的例子。齐美尔、胡塞尔、昆德拉（当然还包括马克思、卢卡奇、阿多诺与霍克海默等）对这种冲突的处理，可谓是殊途同归。它是现代的诸般关系与活动赖以进行的主要叙事之一。

现代性之所以被理解为不断进步，就是因为它不断超越属于其自身超越后的产物（transcends the products of its own transcen-

---

[35] 中译系自译，可参考同上引，第11页。
[36] 中译系自译，可参考西美尔《现代人与宗教》，曹卫东等译，《现代文化的冲突》（王志敏译），正文第30页。

dence)。但同时似乎有必要提醒一点，随着现代性成为其自身的形式（也就是说，随着现代性愈益成为其自身超越的条件），逃脱僵化的物化的机会可以说也逐渐丧失了。因此，堂吉诃德那里无忧无虑的狂想，先是变成永镇[37]的乡民狭隘琐碎的操心，后又变成那座城堡脚下的农夫的忧惧。就这样，希腊哲学中的惊奇沦变成精神的失落。就这样，货币成为自有其价值所在的东西，而不仅仅是一种交换中介，自身并无用处。那些思考自身所处的现代性的诸般要求、思考这种现代性的根基为何的人，他们的主要忧虑之一，似乎正在于担心自己或许没有能力克服自身所处现代性的境况。不妨说，在一定程度上，齐美尔等人是在奋力抗御，免得使自己沦为卡夫卡笔下的人物，而不是狄德罗或塞万提斯笔下的人物。

当然，这些神话和忧虑都可以在马克斯·韦伯的《以学术为业》演讲中找到。实际上，这篇演讲之所以非常清晰地阐述了现代性的种种冲突，正是因为韦伯努力摸索一种论证思路，既能切合对于通过确定界限来找到此世的意义的关注，同时也要坚守对于超越界限的担当。这样来看，整篇演讲的关键或许就在于韦伯宣告，学术这种活动必然要使其成就不断成为多余，沦为过时。按照他的讲法，"每一项学术'成就'都会产生新的'问题'，要求被'赶超'，沦为过时。谁要是希望从事学术，就必须甘心接受这一事实。"（Weber，1948：第138页）[38] 换言之，韦伯是想说，

---

[37] "Yonville"，福楼拜笔下包法利夫人的活动地。
[38] 中译系自译，参考《韦伯作品集Ⅰ·学术与政治》，钱永祥等译，广西师范大学出版社2004年版，第166页；或韦伯《学术与政治》，冯克利译，三联书店1998年版，第27页。

学术的意义就在于从容自觉地超越学术的界限："学术工作……将会以学术的方式被赶超，再说一遍，正因为这是我们共同的命运，并且也是我们共同的目标。如果不希望别人会比我们更进一步，我们就不能展开工作。"（Weber, 1948：第138页）[39]

所以说，韦伯在这里提出了一些耐人寻味的主张。它们不仅生动刻画出齐美尔眼中现代文化的冲突，而且深刻揭示了现代性的神话/迷思。显然，韦伯在这里提出了十分有力的重要呼求：要超越僵化的学术形式，并因此要让社会文化活动能够自我规定。就此而言，学术的宗旨就在于让以往一切学术的成就沦为过时。但韦伯的论证乃是基于某些颇为隐蔽的预设。在韦伯看来，关键在于，学术是要由学术来超越的，不仅如此，通过这种自我克服，学术得以延续。换言之，韦伯表面上大声疾呼克服界限，其实仍得预设某种探究形式和知识形式的物化，它过去被称作、未来也仍会被称作学术。学术活动被视为流变不居，与此相反，学术本身的形式与特性却被视为固定不变。

在《以学术为业》一文中，韦伯设定有一种受到界限限制、可以明确识别的事业，源自过去，经由现在，延至未来，并认为这种历史延续性纯属不言自明。而韦伯的观点要能成立，就得是像牛顿这样的昨日之成果，与爱因斯坦今日之突破，乃至物理学家明日之探求，其间存在某种直接传承关系。对于所有学术工作者，无论处于何时，学术的意义和要求，构成学术的活动和方法，都必然是不言自明的，显然是不会被超越的。学术的受界限限制的视域永远不会被克服，否则学术将无法延续。不可能把此

---

[39] 中译系自译，分别参考上述两书的第166页和第27至28页。

前所有的学术成就一股脑儿都扔进垃圾堆（部分原因在于，此前的成就不一定都被界认为学术）。因此，要想让现代性延续下去（或者至少是要让现代性的延续符合现代性的神话叙事的要求），现代性的某些产物就必须被视为持恒存在。

如此看来，韦伯的演讲中就蕴涵着一种极为深刻的矛盾。这种矛盾是社会性、文化性的，而不只是什么韦伯本人精神上或理智上的挫败。要么是所有的界限都被超越，学术丧失一切方向和目的（而完全变成漫无目标），要么就得有些界限永远无法超越，这样，学术的意义才能有所限定。学术可以探讨任何东西，唯独不能探讨学术本身的合法性（当然，这种可能性正是引起胡塞尔担忧的主要原因之一）。学术不能提出任何有关学术本身的概念（虽说关于学术能够为学术提供什么，可能会有连篇累牍的争论，翻来倒去，毫无结果。）不管是哪一种情况，从现代性的神话／迷思的角度来看，现代性的种种制度和安排就此沦为始终有所欠缺。而这正是超越的前提，无论如何，这些前提本身是不能被超越的。

幸亏有了那些致力于理解自身存在的人的反思与担忧（当然，我这里凸显的只是其中很少一部分人的努力），我们才可能看到，（那些致力于理解的人）从卷入冲突情境的角度来理解存在。一方面，受界限限制的形式的兴起与巩固被视为赋予生命以方向、意义和定位的唯一途径。只有通过确立形式，才有可能在这个世界上分辨出某些视域，否则世界将没有限制，缥缈高远（sublime）。这些形式要求对生命做出某种规定，实际上，是要将生命置于某些受界限限制的领域之中。不过，另一方面，生命又会通过这样那样的面目装扮，被领会为几乎神秘的力量，要在整个世界任意驰骋,力求克服任何强加于这种自由的界限。生命被理解为自足的,自我规定的。

因此,体现这些矛盾的叙事往往沦为三类。其一,有些叙事可能诉求通过界限来限制生命的视域,或者虽然没有明确判断,至少也有所呈现。从某种程度上说,涂尔干的研究中就可以找到这种叙事。其二,与第一类叙事相反,有些叙事可能表现出要求全盘超越界限。在尼采的作品中可以看到这种叙事策略。其三,在细致老道的笔触下,可以把多种叙事融合成辩证的综合,但同时还突出了冲突中的统合。缜密周全的思想家能够认识到,在解释上对于界限的需要,必然伴随着对于超越这些界限的欲望。像齐美尔这样的人(以及可谓殊途同归的弗洛伊德)明白,如果没有界限,就不可能超越任何界限;先要有对于物化的认识,才能有对于反思性的认识。

故此,齐美尔所说的现代文化,或者胡塞尔及其后的昆德拉所说的欧洲,绝非铁板一块而可概而论之。基于不同的社会位置和文化位置,会有不同方式的理解、说明和感受。同样,此世存在的意义,以及对于这种存在被感受到的问题的求解,都会有相当的差异,就看采取什么样的立场来处理各种叙事可能性。所以说,尽管这样来解释与界限有关的各种问题和可能性非常有用,甚至可能切中肯綮(不是说在我笔下,而是得遇行家),也仍然蕴涵难解症结。究其根本,之所以很容易表明齐美尔、胡塞尔、昆德拉等人的说法大有裨益,是因为他们揭示了文化的断裂性。但他们在展开分析时,还是基于一种特定的历史哲学和某些本体范畴,或许不应当不加质疑地接受这些东西。

具体来说,还需要深入分析一下齐美尔笔下的生命概念。应当花点时间来看看,据说蕴含着对于界限的超越的这种力量究竟是什么。但齐美尔并不认为真有可能探索生命的意义,更不用说谈论生命的意义了。问题是显而易见的:如果生命相对于形式而言是超越性的,那么,要谈论生命蕴涵着什么,等于是确立生命的某种形式,因此是对生命构成暴力侵害。齐美尔在《现代文化的冲突》一文的注解中承认存在这个问题。他写道:"既然生命是形式的反题,又由于要有一定程度的形式化才能在概念上加以描述,所以生命的概念在逻辑上就必然是有失精确的。"这等于是明示了自己关于文化的解释的局限。而连带的蕴涵也一望便知:"如果企图在概念界定上把生命说清说透,等于是对生命的本质的否定。"(Simmel, 1971:第392页)[40] 换言之,齐美尔的生命范畴有些类似于胡塞尔笔下的生活世界,事实上先在于任何客观陈述或理解,与之不相契合。只能是借助直觉或笼统论之,因为要是以明晰的言辞来谈,就会将不合法的界限强加于必然没有限制的东西。

大致说来,这就是一种神秘化。因为齐美尔不能明确来谈生命是什么,也就不能自信满满地论证生命对于形式的超越,基本上就只是简单的一个断言。可是他有关现代文化中冲突的性质的分析却不能仅限于此。如果把齐美尔的思考与某种历史哲学相剥离,置于更为明确的社会学背景之中,或许就能避免他思想中的这一难题。那样也许就可以谈论这个生命范畴其实是什么意思:是由什么构成的,又是源自何处。与此类似,界限的物化倾向也

---

[40] 中译系自译,可参考西美尔《现代人与宗教》,曹卫东等译,《现代文化的冲突》(王志敏译),第43页。

完全是一种社会文化过程(实际上,齐美尔在有关货币哲学的思考中已经有所明示)。就此而言,我要说,齐美尔等人从现代文化中很明确指出的冲突的性质,可以理解为表现了所谓求定意志(will to certainty)与求知意志(will to know)之间的冲突。

"意志"这个词的用法也需要讲清楚。我用这个词绝没有效仿叔本华或尼采的意思。我只是试图表达某种解释上的决心,要让世上的东西具备意义。通过这些用语,可以经由两种范式性的策略实现理解的宗旨。要么是通过找到使确定性成为可能的真理标准来确立意义,要么是通过找到使认知成为可能的基础来确立意义。有必要指出,这些策略在根本上彼此抵牾,并且,重要的是,它们会随具体的社会背景和文化背景而发生变化。它们只能存在于特定的社会文化情境中,也只能努力应对特定社会文化中的解释要求。无论哪一种策略,都毫无神秘之处,也谈不上什么本质要素。再说具体些,它们都是在自然的狡计(natural artifice)被解构之后兴起的。

根据阿格尼丝·赫勒的出色探讨,可以用"自然的狡计"这种说法来谈前现代的解释策略,或许还可以加上种种建构界限的实践,这意味着各类社会文化安排出自自然之手(Heller,1990:第145页)。换言之,在自然的狡计所主导的境况下,世界被理解为就以它必须如此的方式存在着。它之所以必须以这样的方式存在,就是因为某种权威的要求,而这种权威处在社会文化干预的界限之外。至于这类权威的明显示例,当然就是上帝。照赫勒的说法,可以把坚信由自然做出这类安排的立场理解为前现代的规定性特征。不管怎么说,一旦此前被视为自然的那些安排转而被理解为人为的狡计的产物,也就揭启了现代性的境况。赫勒就此说明道:"在前现代人的观念中属于自然的东西,到了现代人眼中就不再属于自然了。一旦所谓'自然的'呈现为狡计,也就是说,是人为的建构,可以被解构,现代的想象就开始兴起了。"(Heller, 1990:第 145 页)实际上,一旦意识到,曾经通过诉诸自然而获得正当性的往昔一切界限,本质上都属于人为的狡计,这种自觉本身就是对各种前现代形式的解构。

堂吉诃德的故事所反映的正是这种现代性的境况。塞万提斯笔下的主人公/英雄策马前行,漫游世界,曾经(因为其协调一致、持续连贯与统合无隙)被视为自然的那些界限,不再必然确立。相反,堂吉诃德对自己进入的那个世界,感到充满裂隙。因此,堂吉诃德的世界就是一场突入暧昧境况的历险。而就各项社会文化制度与安排有多少能力成为自足的、自我规定的来说(例如,一间破败不堪的客栈就此成了一座金碧辉煌的城堡),这也是一个经典的环节。无论如何,如果说昆德拉所言非虚(就算他看走了眼,这种提法本身也极具启发),那就可以把欧洲小说的历史解释为堂吉诃德逐渐受到界限限制的历史。堂吉诃德是现代想象的奠基性形象,因为他知晓,所谓自然的范畴其实是人为的狡计。而在《审判》中的约瑟夫·K,则陷入了现代性下没完没了的一系列界限,因为曾经是人为的狡计,如今被视为盲目的自然力量,宛如宇宙本身。至于《城堡》里的那位土地测量员,就更是这样了。

当然,这里还有一个问题。如果说现代性意味着对自然狡计的某种解构(如果说现代性最初确实体现出揭示了看似不可避免的自然界限的偶然性和虚构性),那么,对于现代境况的种种表达,展现现代境况的那些主角,就面临着让世界具备意义的问题，面临着赋予人类在这个世界上具备某种定位和导向的问题。说到底，现代性不再能够通过诉诸自然来知晓自身（因此也不能通过诉诸上帝来知晓自身）。现代境况要想知晓自身，就只能诉诸自身。在现代境况中，世界是通过对于界限的确认和巩固而获得意义的，要想被知晓，要么诉求相当物化的确定性标准，要么诉求更具反思性的自我认知活动。

换句话说，尽管无论是前现代境况，还是现代境况，都要以界限为基础，奠立解释角度和存在角度上的意义、定位和导向，饶是如此，两种境况下对于这些界限的正当化说明肯定也不一样。前现代的界限指向界限之外的东西，而现代的界限指向界限之内的东西。但现代的指涉可能有两类，并且相互矛盾。对于事物的意义求取确定性的努力，我称之为求定意志，从很多方面来看就是应对与齐美尔所说的形式类似的问题。它是要巩固僵化，这些僵化被视为倾向于具备某种独立的存在，并因此努力通过限定存在的意义，说出关于存在的某些确定的东西。与此同时，知晓世界的意义的努力，我称之为求知意志，从很多方面来看就是应对与齐美尔所说的生命类似的问题（尽管应对方式颇为不同）。它力图对界限的僵化和物化做出理解和说明（并因此隐含着超越）。

求定意志多少可以说必然隐含着对于界限的确认与巩固，这些界限本身被视为无可置疑。最重要的是，求定意志无非意味着力图转化"我们所处世界的不确定空间"，转化这种不定性和潜在的多重性——这是自然之狡计被解构的后果，将之变成导向明确的唯一性。求定意志包含着为事物定位的规划，诉诸一种单一的、可以从社会和文化角度确认的大写真理。简单来讲，它意味着限定的特性。界限本身是确定性的前提条件，因此是不受挑战的。为了让世界受界限限制，获得意义，作为一个社会、一种目的论性质的进程，或是别的什么，就必须将界限视为想当然接受的东西。界限必须独立于受自己框定的那些社会文化活动。

当然，在韦伯有关学术的思考中，可以看到这些路数。但在其他有关现代性的重要阐述中，也能找到类似的脉络。康德的《何谓启蒙》一文，或许就可以理解为例示了求定意志包含物化的倾向。文章清楚地表明，尽管康德将启蒙界定为赋予变迁某种导向的东西，但他其实没有能力充分论证启蒙，而不仅仅是一种断言。对于康德有关启蒙的论证，启蒙这一观念本身就是前提条件。因此，启蒙是值得欲求的这一点径直成了不言自明的东西。康德的文章基本没有能力发展关于启蒙的某种概念，因为有关启蒙的预设作为文章的前提，是不可明言的。这种情形也预现了韦伯关于学术的阐述。康德用启蒙被设定的权威，因此也是由某种进程所赋予的被想当然接受的确定性，取代了当上帝还是至高权威时曾经确立和设定的那些确定性。如此一来，启蒙本身就被物化了，成了这样一种界限，逐渐被解释成独立存在的东西。通过这样的思潮，个人被转化成齿轮。所有这一切都有悖于一桩事实：康德做出精彩理解的那种启蒙，却正要求个体决断行动（参看 Kant, 1970）。

求知意志则更耐人寻味。它并不涉及用某种关于确定性的指涉和特性来确定另一种指涉与特性。恰恰相反，求知意志其实意味着解构一切确定性，打的名义是社会范畴和文化范畴要有能力揭示人为狡计，并由此规定自身在世上的定位和导向。换言之，求定意志意味着单一一套界限的普遍化，而求知意志则意味着具体界限的多重化。在解释性社会文化研究中，求知意志表现得尤为明显，就像昆德拉在赞赏塞万提斯的文献中的立场，致力于揭示那些被想当然接受的确定性的实际地位，以此让世界能被理解。比如说，马克思和恩格斯就力求知悉康德关于启蒙的阐述的真相，因此揭示出康德的那些预设其实是偶然关系的产物和表达（Marx and Engels, 1970）。所以说，究其根本，求知意志就是力图将既存的物化（也就是既存的形式）看作是有待质疑和解释的东西，而不是径直视为不言自明。没有任何确定性可以径直接受，不加反思。

总之，求知意志相对于求定意志的那些产物，具有超越性。这两种意志都表现了自然狡计被解构后冒出来的那些解释难题，但彼此之间却是一种辩证对立的关系。

综上所述，这些都带有明显的齐美尔的痕迹。因此，其实我无非是使用新的术语重弹旧调：生命相对于形式具有超越性，但形式会呈现为自在的现实，从生命的角度来解释，就是自囿于囚笼。不过，关键在于，如果把齐美尔所称的生命视为某种精神性的或本质上难以规定的能量，也没有太多帮助。相反，对齐美尔力求说明的那些压力和兴趣，或许最好看作是纯粹社会文化力量的产物。具体而言，我想说的是，把齐美尔所说的生命看成反思性话语的文化中某种位置的表达，可能是一种更好的说明角度（我是依照艾尔文·古尔德纳的路数使用"反思性话语的文化"这种说法的，参看 Gouldner, 1975; 1985）。

当特定社会群体解构和揭示被理解为自然存在的东西的人为虚设性，他们参与这类实践的能力孕育出了反思性话语的文化。就此而言，有理由认为，文化就是知识分子共同体中各类群体组合的活动和兴趣的表达。通过文化，这些批判性、反思性的知识分子就有能力表达他们可能具备的一切共性，并且能够宣称充当社会文化自我规定活动的先锋，就因为他们的愿望是求知，而不是求定。根本上，反思型知识分子的活动就在于拒绝将任何界限径直视作必然不言自明的东西而接受，还在于拒绝必须接受诉诸他人制定的某些真理。如此看来，反思型知识分子所关注的无非就是克服一切既存的僵化和形式。

古尔德纳谈道："细致的批判性话语这一知识分子文化意味着，现在任何人说的话都有可能是错的，无论他多么有钱或有权。"(Gouldner, 1975：第 20 页)[41] 因此，这些知识分子借助其话语立场和解释立场，力求发出与言说者社会位置相悖的有关确定性的陈述（这正是马克思和恩格斯对康德的批判路数）。这样一来，确定性就遭到破坏，且被揭示为有可能根植于自我利益。对确定性的社会决定机制的求知意志成了反思型知识分子的标志。其结果，他们立意破坏不言自明的界限中包含的一切。在他们看来，一切界限其实都遭到质疑或有待质疑："不管是什么，都可能是错的，或可能予以改进。既存的东西现在都有待否定、批判和评断。"(Gouldner, 1975：第 20 页) 连带的涵义显而易见（至少可以说，拜古尔德纳所赐，反思性话语的文化的连带涵义是显而易见的）。它意味着"某种政治上具有革命性的潜力，拒弃已成惯例的政治经济制度"(Gouldner, 1975：第 21 页)。古尔德纳在

---

[41] 本书下文屡次引用的这篇文献，后来被古尔德纳作为主体成分发展成为一部著作，即 1979 年出版 *The Future of Intellectuals and the Rise of the New Class*。中译可参看古德纳《知识分子的未来和新阶级的兴起》，顾晓辉、蔡嵘译，江苏人民出版社 2002 年版。

具体讨论作为学者的知识分子时指出:"他们四处探索,超越'规范'学术的惯例上的界限、在安守惯例的学者眼中都是不安分的人,斥之为不安正道。知识分子不是甘守既定范式的熟悉界限、安安稳稳地展开工作,而是要冲撞界限。"(Gouldner, 1975:第23页)

因此,知识分子(intellectuals)力图知晓界限的性质与意涵。而依照古尔德纳所做出的有益区别,他所谓的技术型知识阶层(intelligentsia)的情形则颇为不同。当然,在反思性话语的文化中也已包含了这类技术专家(他们也会努力通过单纯诉诸现代本身来理解现代,而不诉诸某种外部权威)。不过,古尔德纳在一段行文中明确借鉴了托马斯·库恩的洞见与用语,认为"技术专家……接受了自己所属领域的主导范式,在范式内部展开工作,遵循其推论,将其一般原则推广到新的领域;但他不会把焦点放在范式本身的界限上,或对其提出批判"(Gouldner, 1975:第23页)。

鉴于这些方面的考虑,为了形象说明也不妨稍作夸张,可以说论启蒙一文中的康德,以及《以学术为业》演讲里的韦伯,都属于技术型知识阶层的成员。他们关注的都是在某种确定性的界限内展开工作,从而不能够或干脆不打算质疑被其视为不言自明的那些原则的理据何在。换句话说,技术型知识阶层确实是从反思性话语的文化的角度展开工作的,但其方式强调的却是确定性。知识阶层在界限之内展开工作,而知识分子却努力摆脱任何界限进行活动。还是引用古尔德纳的话:"所以说从知识分子的角度来看,知识阶层是只等被动收割,不求主动耕耘。"在技术型知识阶层眼里,"问题的关键在于'结果丰硕';而结果的'树'

本身则被视为已经长在那儿了。"（Gouldner, 1975：第24页）

对于物化了的形式的超越并不一定需要归于某种被称作生命的几近神秘的力量。实际上，也不能认为所谓超越性力量的性质属于不可言说（当然，齐美尔认为生命的性质就是不可言说的）。相反，努力超越既定形式的意志，也就是物化倾向与反思倾向之间的辩证冲突，只可以从社会学的角度来理解。之所以会生发冲突，其实就是因为在自然的狡计被解构之后，有关世界是否真的蕴含意义，以及事物在世上的定位，在社会学角度和解释学角度上出现了分歧。这里面根本就没有什么不可言说的东西。

如果说在社会学—解释学的角度下看物化与反思之间的冲突，那么很显然，现代文化的冲突本身就是可变的，发挥作用时也是可以协商的。比如说，康德和韦伯都有能力摆脱知识阶层的共同体，进入知识分子的共同体，而不用费很大的劲。这种转变或许就来自于他们的反思性兴趣和活动的暧昧状态。而核物理学家往往就不能从一端换到另一端，除非临到重大危机（比如罗伯特·奥本海默）。简单来说，尽管物化了的形式（即成了必然的界限）完全可以被理解为自囿于囚笼，但只有从具有反思性话语文化的知识分子的角度来看，这样的理解才有可能。

现代文化的冲突这种东西，反思型知识分子的感受最为深切，因为正是他们发乎内心地奉行解构事业。只有反思型知识分子的特定群体显著表现出求知的愿望，其他所有社会群体，尤其是那些技术型知识阶层，只是要求取（或是被告知要求取）有关这个世界、有关他们的存在的确定性。只有从基于反思性话语文化内部的立场启发并确立的视角来看，界限才是约束；并不是每一种社会文化位置都一定会把界限理解为约束的。

我想提出两项命题。首先，反思相对于物化而言具有超越性。其次，反思性蕴示着无界限性。但这种关于无界限性的蕴示并不一定就此造成没有界限的状况（而只是一种期待不受界限限制的倾向），也不是一种普遍的、同质的文化运动。关于无界限性的蕴示所表现出的世界观，正是知识分子的典型特征。（澄清一下对于这个词的用法：我并不想说只有在大学校园里的某些院系中才能找到知识分子。在某种程度上我接受葛兰西的看法，也是出于我自己的目的采用他的说法，人人都可以作为一名知识分子，至少有这样的可能性，因为蒙现代性所赐，每个人都有可能以某种方式卷入反思性话语的文化。）有些群体或活动没有与反思性话语的文化发生关联，或者更重要的是，对于这类文化所产生的解构效应，采取了一种技术性的立场；那么，它们相对于物化了的形式，就不会具有超越性，因此它们的存在境况也不会蕴示着无界限性。它们很可能不会把界限领会为囚笼，而很可能视之为充满可能性。

透过蕴示一个没有界限的世界的观念，可以卓有成效地探讨有关后现代性的争论的地位和意义。后现代性并不是一个可以确定时间起止的时代，也算不上一种全新的文化型构和解释型构。相反，后现代性只是看待现代性的一种视角，本身有赖于现代性。不妨把后现代性理解为一种蕴示着无界限性的境况，但这样的蕴示之所以可能，只是因为它以现代的诸般界限为奠立的基础。在这种境况下，曾经被视为僵化、物化的现代形式的那些界限不复存在。

按照赫勒和费伦克·费赫的论述（尽管他们的理据与上文诸人不尽相同），"可以把后现代性理解为私人—集体性的时空，处在更为广泛的现代性时空之中，由那些与现代性有所抵触、对现代性有所质疑的人勾勒轮廓。"（Heller and Fehér，1988：第1页）因此，要想使后现代性这种境况具备意义，就得结合现代来思考它。如此一来，"那些选择栖居于后现代性境况中的人，也同时生活在现代人和前现代人当中。这是因为，后现代性的根基本身就在于认为，世界是由多重异质性空间和时间性构成的。"（Heller and Fehér，1988：第1页）后现代性这种境况有赖于现代。在坚守反思性话语文化的诉求的那些知识分子看来，它所体现的正是现代性中解释上的冲突。只有基于这样的空间和时间，才会把现代性看成是一系列的物化，需要被超越，也才能真正被超越。

后现代性就是基于现代性内部，蕴示某种没有现代性下诸般界限的境况。当然，把这句话说得更具体一些，就是基于某些现代界限的视角，后现代性似乎漫无方向，模糊不清，有欠严格。但如果从后现代性的角度来看，具有诸般界限的现代性就是某种囚笼，对此，唯一合适的立场就是不要盲信。

基于上述原因，我选择讨论后—现代性（post-modernity）而不是后现代性（postmodernity）。这里的关键并不仅仅在于一个连字符。后现代性如果不单单作为一个习惯上的名目，有一个棘手之处，就是意味着明确区别自身与现代。后现代性等于是重复了时代与时代之间，或者是意识状态与意识状态之间，存在某种截然断裂，而这种论证思路正是我要努力拒斥的。其实我等于是说，要确定世界究竟是在哪一个上午或下午进入后现代性，往好里说是琐碎无聊，而往坏里说就是全然无用。而后—现代性则意味着更复杂的一系列关联。事实上，后—现代性作为主要是被蕴示的一种境况，这样的地位更加剧了复杂性。它意味着，后—现代与现代并不迥然相异,反而是只能存在于与现代的关联之中。后—现代与现代不可分割,而是携手并行。[42]

---

[42] 需要特别说明的是,尽管作者如此区分,但由于在全书其他所有行文中,作者都统一使用了"post-modernity"的措辞与立场,为照顾汉语习惯,中译使用的依然是"后现代性"和"后现代"。读者需要记住这与旧有的"后现代性"的区分。

第二章 特性／身份／认同

如果说从现代性的角度来看，可以认为主导并规定前现代环境的是自然狡计的那种严格性和约束性，那么现代性最初呈现出的面目就是一种人为虚设的、有意建构的世界（因此，现代性的历史就成了一则不断忘却这种虚设性的故事）。换言之，相对于被认为盛行于前现代境况的为人类筑造的那种自然屋居或神赐屋居，在现代性的诸般关系和过程中为人类建造的居所可以说是一种虚构的居所。

因此，将上述说法进一步推展，如果说生活在现代世界中，就是生活在一个自然狡计遭到摧毁后有意虚构出来的世界里（现代世界源于对那些被想当然接受的东西的解构，就此而言，是可以这样说的），那么同样能说，可以采取两种态度来看待在现代性关系中筑造出来的人类的居所，意义的居所，它们是用来取代此前通行的明确界定、历史悠久的大厦。

可以把现代的新居所当成温暖舒适的摇篮，包容着确定与信心，从而欣然接受。在这种情况下，人们将会投入大量精力，不断修葺父辈传承下来的建筑。人们会煞费苦心地忘却可能已不牢靠的房基，却在墙纸和装饰的改善上不惜工本（前门外即便就是深渊也会被掩盖起来）。在当下的住户看来，最新最近的技术进展将会增加家园的身价，因此花多少钱都是值得的。人们还指望子孙后代也会这么看问题。屋居本身将会成为一个被想当然接受的地点，会成为无可置疑地证明了筑造者才华的一份遗产。即使墙上出现裂缝,屋居也不会被废弃。相反,会做上一点美容整饰的手术。裂缝会被掩盖,如果情形更糟,会用铁条束扎加固。不管出现什么状况,住户可能也听不到石料坍塌的声音,因为他们会忙着欣赏自家令人赞叹的新式高保真音响系统,或是陶醉于美妙的最新款洗碗机。现代的事物秩序将会表现出一副稳定耐久的面貌,乃至于不会遭受它所庇护的那些人的质疑。

话说回来,另有一种可能,有些孩子会仔细打量父母留下的居所,但不是视之为免费馈赠或风雨世界中的庇护天堂而安然接受,却会尝试查看一下房基。屋居不会被视为别无它选、唯一可能的坚固居所而想当然接受,倒会遭到锄镐和钻机的进犯,因为孩子们竭力要搞清楚父母是如何完成建造工作的,而屋居又是否足够牢固,经得住计划中的狂野派对。不过,一旦锄镐扒开了房基,一旦认识到房基安全牢固,此时的居所已经伤筋动骨,事实上,已经遭到了毁坏。就在宾客陆续抵达、乐声完全响起的那一刻,屋墙也会开始坍塌。

要对居所产生确定感,就是安然限于其屋墙之内,听任屋墙规定、确认什么可以做什么不可以做。对待居所的主导态度就是一种完全受界限限制的技术策略,仅对已被给定的东西做修葺。但要对居所作深入认识,就很可能破坏其基础。所谓求取认知,就等于逾越确定性的界限。很显然,要深入认识居所,就蕴示着居所可能不复存在的那一刻。要想求取认知,就等于蕴示了有朝一日,老房子变成深埋于新房子之下的祖先(这里不妨想想弗洛伊德在《文明及其不适》一书开头令人赞叹的回顾:层叠累积而筑起的罗马城[1]），或是成了处在某种与其格格不入的东西之中的地方（犹如科尔多瓦的清真寺中的大教堂[2]）。但无论何种情形，一旦对居所有所认知，也就在某种程度上超越了它。

与此类似，我希望大家都清楚我是在打比方，后现代的境况则是蕴示着一种没有现代性的诸般界限的情境。后现代性让人想到的是挥舞着锄镐的孩子，而不是讨论着数字视听技术如何出色的孩子。心满意足的听众就居住在各种现代形式的界限内。他们不同于后现代性的主角，并不打算、并不想象也并不理解对受界限限制的种种既存形式有任何超越。

但超越就是一种蕴示，而不一定是真正的超越。换句话说，很可能不过是风格上的变化。因此，许多情况下往往只是注重调整居所的装饰，而不是改变居所本身。巴洛克风格的门廊如果配上塑料柱子，大可以视同为毁了房子，但其实这只是在和房子玩一场游戏（在这场游戏中，历史悠久、已成传统的房子很可能获胜，就像马塞尔·杜尚的《自行车轮》[Bicycle Wheel]，并没有毁灭艺术，而是使艺术重焕生机）。在后现代性的境况下，难以知悉一种风格如果真的终结，何时终结，而如果真有超越，又何时开始，这或许就是这种境况的题中应有之义。我们难以知悉，对

---

[1] 参看弗洛伊德《一种幻想的未来 文明及其不满》，严志军、张沫译，上海世纪出版集团 2007 年版，第 113 至 115 页。有关书名的译法，参见该书第 98 页的说明。

[2] 科尔多瓦（Cordoba）是西班牙南部历史名城，在罗马人治下曾经繁荣，711 年被穆斯林攻占后，历经数百年建成大清真寺。十世纪早期开始成为欧洲最大、可能也是文化水平最高的城市。1236 年该城落入卡斯蒂利亚国王之手，成为基督教西班牙与格林纳达穆斯林王国对峙中前者的军事重镇，大清真寺也改建为基督教大教堂。

于后现代来说，除了一系列多少有欠协调统合的蕴示，真还能有什么更多的东西。这些蕴示可能大有落实的潜力，也可能并非如此。

话说回来，就算对待现代物化的态度其实不过是注重风格方面，单纯的装饰游戏也依然可能涉及对其状况的转化。关键在于，单单借助蕴示，就可以在一定程度上解构现代的屋居。无论后现代的状况如何，都算得上是对给定的东西的某种超越，并因此为从人和文化的角度在这个世界上做出自我规定开辟了新的自由，新的可能性。当然，也可以提出异议，认为这些事件仅限于解释学建构的范围，所超出的只是思想领域。但它们的确对世上的物质实践产生了某种效应，因为它们彻底转化了那个世界的特性及想象中的构成。不仅如此，对无界限性的蕴示还往往具有广泛的连带蕴涵，因为它们溢出了位于知识分子共同体中的孕育它们的原初时空。

这种超出知识分子圈子的运动之所以发生，原因有二。首先，在现代性中，无法非常精确或十分容易地了解知识分子的群体构成。当然，某些社会群体可能会贯彻针对其他所有群体的封闭措施和仪式区分，以便能够自称拥有"知识分子"的头衔（比如说，能够阅读和撰写有关后现代性的著作的那些人，就在某种意义上意识到自己是"知识分子"）。但同样可以说，原则上，无论什么人，只要参与了对自然狡计的解构，努力要逾越给定的东西，就能够在某种程度上为自己及其同事戴上"知识分子"的头衔。

其次，知识分子为现代添加了自己的装饰和风格，在这个意义上，他们是在转化事物秩序的物化虚构的面貌。知识分子有能力把事情弄成似乎不同于先前的样子。得亏有了他们，居所的面貌有所不同，并因此不再能被完全想当然地接受（"排污管道是不是该放在屋外？"）。所以，即便是技术型知识阶层，虽说基本没有多少问题意识地生活在房子里，也必须有能力对界限有所关注，哪怕只是为了证明，设定的界限确实还在位置上，确实没有什么可以担忧的。居所经过风格上的调整，挺过破坏它的努力，倒很可能显得更加牢固。只是不能完全等靠这样的胜利。胜利必须去奋力争取。居所形式的根基是否牢靠，安全是否保障，都必须经过求知的探索。即使只有稍许的疑惑，它就不再具备彻底的、不言自明的确定性。

如此一来，有关没有界限的境况的后现代蕴示，往往会溢出自我宣示并且往往是职业化的知识分子这一相当狭隘的共同体。这种蕴示常常会演变成一项波及广泛的社会文化议题，只要是将世界视为有可能实践反思性的场合的那些事业和活动，它都将在其中占据一席之地（无论这种反思性可能属于什么状况，思想上的、解释上的、财政上的，或是建筑上的）。

因此，当赫勒和费赫指出，后现代性是在现代之中的某种私人时空，可谓是一种颇具启发的提法（Heller and Fehér，1988：第1页）。但还应当体会到，这种私人空间的范围往往会扩张。它常常会逃脱并越出自身受限制的视域。当然，就像齐美尔牢记于心的那样，之所以可能逃脱，避往有关无界限性的蕴示，只是因为存在某种受界限限制的空间，基于这一点，才能把逃脱解释成不可避免的，值得欲求的，甚至才是可能的。界限与无界限性并肩而行，当然，这也意味着现代性与后现代性相携以进。首先得有什么东西有待逾越，得有某种界限存在，才能让逾越成为逾越。

为了拆解社会文化关系中的限定特性／身份／认同，人们已经付出了种种努力。在这段历史中，非常清楚地展现出形式与超越、界限与无界限性之间的相互纠结。在现代性的诸般制度和安排中，对社会文化群体、个体或过程的限定特性／身份／认同的拆解尤其重要。如果一种特性／身份／认同能够被限定，并因此被视为可以一劳永逸地知悉，那它也就能够奠立确定性。对限定特性／身份／认同的拆解使得世界这个空间不再显得那么神秘。一方面，对限定特性／身份／认同的辨识意味着能够让世界具备意义（对于社会文化关系据说有的那些秘密，原则上是有可能知悉的，因为这些关系的核心被设定为不随时间和地点变化而变。）但另一方面，限定特性／身份／认同的确立会将自身变成界限，能够宣称有权迫使那些离经叛道的活动和态度囿于这些特性／身份／认同的框架，或被知识分子解释成必须以自由的名义予以超越的东西。

如果这样强调为自由而斗争，现代对世界的解释，即视之为一个受界限限制的空间，其中的东西都有确定的位置，单一的意义（也就是说，将世界建构成一个压迫的空间），也就蕴示着对其自身的克服，至少为这样的克服孕育了种子。实际上，考虑到现代性包含着确立并贯彻那些单一的、不可置疑的特性／身份／认同，任何超越都意味着转向特性／身份／认同的多元性，被解释成无界限。不过，很自然，即使是那些有关超越的蕴示，不用多久也会被认定为界限，并因此被认定为形式，本身就需要被超出。

形式—超越—形式—超越，这种无穷无尽的辩证历史（也是现代文化中的冲突），特别清晰地体现在某些叙事中，它们表达并创造了无产阶级这一特性／身份／认同，既作为此时此地的一个阶级，也作为面向不太遥远的未来的一种革命主体。事实上，探求无产阶级的特性／身份／认同是如何艰难推进的，非常重要，也很有价值，因为从许多方面来看，这个阶级都是现代自由的重大希望。不妨把它的命运看作是现代性本身的命运的具体呈现。

有关无产阶级的叙事，可以解读成那些反思性的兴趣和知识分子前赴后继地尝试让世界摆脱界限，虽说他们力求克服的界限本身正是早前有关无界限性的蕴示的阐述所造成的。透过无产阶级这个例子，就有可能看到，特性／身份／认同既可以说成是解释上的自信的前提条件，也可以解读为一座囚笼，必须推动人们从中逃脱。

有关阶级特性／身份／认同的艰辛历史，特别是无产阶级特性／身份／认同的艰辛历史，在马克思的著述中揭示得尤为清晰。考虑到马克思的思想蔚为大观，又鉴于他揭示现代性秘密的功力深厚，这一点就毫不令人惊奇了。一方面，马克思通过阶级这个观念来领会既存的世界，领会这个世界里的各种关系。在马克思的笔下，这个世界被解释成一座巨大的囚笼，包含着资本主义生产关系孕育出来的那些形式。但另一方面，马克思又坚信，阶级的各种形式，以及阶级分割的社会的各种形式，都需要被超越，也可能被超越，最终也都会被超越，从而能够蕴示一种当下看来基本不可言说的普遍无界限性（即共产主义）。这样一来，在马克思眼中，未来的世界就将是一个具备反思性的世界，相对于既存的世界而言具备超越性，而既存的世界则就此呈现为一系列持续物化。不过，晚近有关阶级特性／身份／认同的讨论，尤其是有关所谓"革命无产阶级"的命运的讨论,已经表现出一种趋势,即要超出马克思所蕴示的那种只能发生一次（once-but-no-more）的无界限性。

而像安德烈·戈尔兹和让·鲍德里亚之类论家的作品,尽管在其他方面两人大异其趣,在对马克思所蕴示的那种无界限性进行解构这一点上,却可能看出非常类似的做法。这种解构之所以有正当理据,是因为旧的蕴示现在也变成限定不变的,受界限限制的。换句话说,马克思以反思性的方式超越了资本主义社会的诸般形式,而戈尔兹与鲍德里亚等人又以反思性的方式超越了马克思笔下无产阶级的各种形式（其方式与后来的反思型知识分子一样）。在二十世纪前八九十年间,伴随着重新解释的过程,马克思主义和自称马克思主义者的人的地位发生了重大转变。自称马克思主义者的人在实际和实用的角度上可谓成功,但正因为如此,他们不再能作为知识分子。相反,他们往往成为技术型知识阶层。他们往往自得其乐地守着屋居周边自己的成就,却忘了前门外边的世界。

根据马克思的解释,当下的状况是具有自我规定潜力的人性却被囚禁在规定性、约束性的形式之中。实际上,马克思还间接指出,这个囚笼紧密局促,作为一种存在特征的人性几乎窒息（马克思为什么从这个角度来看资本主义社会,原因有不少,参看 Gouldner, 1985 的有益探讨）。从许多方面来看,这正是《1844年经济学哲学手稿》中可以发现的有关异化的故事的主要内容（Marx, 1977）。马克思所讲述的故事就是人性的衰亡,就是现代世界（因此在形式上是属人的世界）的去人性化,而造成这种趋势的就是劳动的僵化了的产物,也就是劳动的形式。换言之,在

《1844 年经济学哲学手稿》中，马克思讲述的是世界分割成客体和主体。而所谓现代性的悲剧，正在于人类所产生的客体剥夺了人类自身的生命。它们就像齐美尔笔下的形式，对人类产生规定作用，但事实上，人类本应该去规定它们。

按照马克思的说法，具有讽刺意味的是，工人的主体性成就却使工人化减到客体的层面。马克思有一段话强调了这种矛盾，无论在用语上，还是在道德关注上，它几乎都可以视为齐美尔的先声（尽管齐美尔肯定不是什么马克思主义者。不管怎么说，我希望我的论证可以清楚表明，相比于针对现代性的分析，从解释学的角度来说，所谓坚持一种被称作马克思主义的东西，意义是很次要的）。当马克思写道："在劳动时，个人活动的全部自然的、精神的和社会的差别会表现出来，因而所得的报酬也各不相同；而死的资本总是迈着同样的步子，根本不在乎实际的个人活动如何。"（Marx, 1977：第 19 页），[3] 就是在揭示应然与实然之间的矛盾。

在马克思看来，个体应当以自足的方式，通过劳动完成自我规定（马克思对劳动的理解，似乎与齐美尔对生命的理解大致相仿，都是从生机论的角度出发的）。然而，在资本主义的所有制关系和生产关系中，对劳动的形式安排（也就是有关劳动的可能性条件的现行制度）却导致了对个体活动的束缚。资本主义生产的形式陷于僵化，与个体保持疏离。它们作为客体与个体相对峙（哪怕个体已经被资本主义的制度安排给客体化了）。在具有

---

[3] 中译据《马克思恩格斯全集》第四十二卷，中共中央马恩列斯著作编译局译，人民出版社第一版，第 51 页。

第二章　特性／身份／认同

创造性和生命力的个体看来,资本主义的形式其实已经是僵死状态。

马克思提出,这种僵死的社会产生出僵死的居民。这种提法反映出马克思的著述中的道德义愤。由于资本主义生产关系的要求(比如雇佣劳动和利润),工人不再是充满生命力的意义创造者。相反,工人成了通过单调的强制从外部施加的意义的客体。马克思认为,随着社会的物质财富激增,对人性的能力也产生了相应的约束,最终彻底予以摧毁。"物的世界的增值同人的世界的贬值成正比。"(Marx, 1977:第63页)[4] 有了资本主义方式的物的生产,就有可能看到这样一个过程:"劳动过度和早死,沦为机器,沦为资本的奴隶(资本的积累作为某种有危险的东西而与他相对立),发生新的竞争以及一部分工人饿死或行乞。"(Marx, 1977:第21页)[5]

世界及其客体成为"某种有危险"的东西。是这种东西规定着意义、位置和特性/身份/认同,而不是通过这种东西,意义、位置和特性/身份/认同规定其自身。实际上,购买高保真音响或洗碗机之类的东西,算不上摆脱困境。资本主义的物品消费并不能买来自由。恰恰相反,那些东西属于资本主义的形式,就此而言,消费这些东西,其实就是更深地陷入囚笼。马克思有句名言:"工人在劳动中耗费的力量越多,他亲手创造出来反对自身的、异己的对象世界的力量就越强大,他自身、他的内部世界就越贫乏,归他所有的东西就越少。"(Marx, 1977:第63

---

[4] 中译据同上引,第90页。

[5] 中译据同上引,第52至53页。

页）[6] 马克思以更为精确的笔法，继续探讨这一点："工人把自己的生命投入对象，但现在这个生命已不再属于他而属于对象了。"（Marx，1977：第63页）[7]

这当然就是马克思阐述工人在资本主义生产关系中的异化的关键。如果这里要否认《1844年经济学哲学手稿》所包含的主题充满新意，见解深刻，显然不合时宜。但在这一点上，马克思的著述之所以意义重大，与其说是分析深刻，不如说是呈现了现代性的神话／迷思。齐美尔、胡塞尔和昆德拉都大致相仿地揭示了现代性的核心神话／迷思之一的支撑点（即反思性的产物却僵化成物化这一问题），无独有偶，在马克思的著述中，也贯穿着同样的一系列关注，捕捉到同样的过程。在马克思的体系里，现时代的核心问题正是这样两类事实之间的矛盾：在本体论和人类学的层面上，人性要通过工作来表达，但在社会和文化的层面上，资本主义下的工人所面对的工作却是作为异化的东西。

其结果，人性衰亡，工人沦为基本需求的层次（从许多方面来看，似乎可以把马克思在这一点上的义愤解读成对于暧昧的忧惧；人本来应当是独特的，受界限限制的，但在马克思眼里，资本主义意味着将人类生活的环境与动物的环境相混淆）。劳动的反思性导致的却是物化，是形式的确立，摆脱了社会文化角度的介入。如此一来，人类的去人性化就同时是一桩本体论、认识论和道德意义上的事件。但马克思竭力想避免以任何方式，把人类说成是铁板一块。他明白，无论是物化压过反思而得以确立，还

---

[6]　中译据同上引，第91页。
[7]　中译据同上引，第91页。

第二章　特性／身份／认同

是资本主义下的主体的野蛮化,都不能对所有阶级一概而论。关键在于,"当然,劳动为富人生产了奇迹般的东西,但是为工人生产了赤贫。劳动生产了宫殿,但是给工人生产了棚舍;劳动生产了美,但是使工人变成了畸形。"(Marx, 1977:第65页)[8] 马克思继续描绘劳动的正式组织更为可怕的后果:"劳动用机器代替了手工劳动,但是使一部分工人回到野蛮的劳动,并使另一部分工人变成机器。劳动生产了智慧,但是给工人生产了愚钝和痴呆。"(Marx, 1977:第65页)[9]

马克思如此行文,是在揭示并解构自己所处世界的秘密。他力图知悉世界的运作方式,但却径直设定,任何理解就像世界本身,都是自足的。他的宗旨是要克服工人愈益陷于困境的状况。工人困于形式的囚笼中,因为她或他越来越沦为动物,将客观/对象世界视之为不可变易的东西,只应当如此(世界已经再一次成为压迫性、约束性的自然,而不再是创造性、宽容性的社会)。工人丧失了自己规定世界的能力。"因此,结果是,人(工人)只有在运用自己的动物机能——吃、喝、生殖,至多还有居住、修饰等等——的时候,才觉得自己在自由活动。"(Marx, 1977:第66页)[10] 马克思通过标志性的辩证风格的警言,充分阐述了这种处境的蕴涵。他认为工人"在运用人的机能时,却觉得自己只不过是动物。动物的东西成为人的东西,而人的东西成

---

[8] 中译据同上引,第93页。其中"棚舍"在《全集》中为"贫民窟",根据《马克思恩格斯选集》第一卷第43页改。

[9] 中译据同上引,第93页。

[10] 中译参考同上引,第94页,根据《马克思恩格斯选集》,中央编译局译,人民出版社,2012年版,第一卷,第44页,有所改动。

为动物的东西"（Marx，1977：第66页）。[11] 工人被束缚于某种固定的特性／身份／认同，没有任何机会逃脱宫殿与棚舍、美丽与畸形的限制性、约束性效应。工人被束缚于确定性，但却没有求知的环节。工人阶级的特性／身份／认同就属于去人性化和商品化。

现代的社会文化关系越来越束缚于自身僵化的、物化的产品，这是贯穿马克思著述始终的重要主题。《资本论》第一卷中有关商品拜物教的讨论，其核心就是这种叙事。在那里，马克思提出，商品是劳动的产品，但却被工人领会成具有交换价值的物。交换价值是独立客体／对象之间的关系，而不是制造它们需要投入的劳动力的不同量之间的关系。构成商品基础的正是这种对象性／客体性。

商品在制造它所投入的劳动面前，成了超越性的东西。马克思把商品称为"谜一般的东西"，原因有二。首先，因为通过商品，把"人们本身劳动的社会性质反映成劳动产品本身的物的性质"（Marx，1938：第42至43页）。[12] 其次是因为，把"生产者同总劳动的社会关系反映成存在于生产者之外的物与物之间的社会关系"（Marx，1938：第43页）。[13] 换言之，在人们的领会和解释中，世上的物是独立存在的。它们已经僵化，因此有能力规定劳动的意义，而不是被劳动本身所规定。

因此，马克思提出，透过商品，在商品之间的关系中，世界

---

[11]　中译据同上引，第94页。
[12]　中译据《马克思恩格斯全集》第二十二卷，第88至89页。
[13]　中译据同上引，第89页。

不再可能被解释为持续的人类活动产物。相反，形式成为自足的客体／对象。

　　商品形式和它借以得到表现的劳动产品的价值关系，是同劳动产品的物理性质以及由此产生的物的关系完全无关的。这只是人们自己的一定的社会关系，但它在人们面前采取了物与物的关系的虚幻形式。

（Marx，1938：第43页）[14]

　　这就是商品拜物教的涵义：社会的"产物……表现为赋有生命的、彼此发生关系并同人发生关系的独立存在的东西"（Marx，1938：第43页）。[15]

　　因此，从许多方面来看，马克思的商品拜物教概念是要努力给出一种方式，应对这个本质上就是一个矛盾的世界。社会文化生产不被理解为社会文化生产。而这种断裂又完全可以归因于某种趋势：赋予产品以交换价值，使其商品化，成为脱离生产条件的形式。这样，商品就成了束缚反思性的一种形式，通过强加单一的意义，将反思性物化。实际上，投入商品的环境，就是针对活动确立不断巩固的形式。这种投入更加展现出现代性的悲剧，也因此展现出现代性核心蕴含的冲突所具有的势不可挡的意义。

　　所以说，面对压在工人头上的固定特性／身份／认同不断巩固的状况，马克思深感痛心。那些特性／身份／认同要么源于使

---

[14]　中译据同上引，第89页。
[15]　中译据同上引，第89页。

人疏离的资本主义制度安排所产生的野蛮化、痴呆化效应，要么源于商品的形式地位：作为看似没有社会历史方面的存在条件的东西。马克思所讲述的故事，就是人类的普遍类存在逐渐被束缚于极其狭隘、严格限制的时空之中。

作为类的人"把自身当作现有的、有生命的类来对待，因为人把自身当作普遍的因而也是自由的存在物来对待"（Marx, 1977：第67页）。[16] 更准确地说，类存在就应当这样看待自身。但是，由于外化，人类受到约束，不得自由。实际上，类存在不再能够自由表达其内在固有的人性。就此而言，可以透过马克思著述中所包含的叙事，思考昆德拉勾勒的小说历史中蕴涵的现代性的演变轨迹。不妨说，资本主义社会中被外化、受限制的工人的认同故事，就是卡夫卡笔下的K先生或《城堡》中那位土地测量员的先声（我知道有些人可能觉得这个说法荒唐无稽。不过我要重申，我讨论的是现代性的种种神话／迷思，有鉴于此，可以认为K先生表现了马克思笔下的那些主题）。

不过，《城堡》中的土地测量员并没有陷入彻底绝望，因为囚笼至少在一定程度上是他自己打造的；而马克思连同恩格斯也表达了类似的主题。《共产党宣言》中有关资产阶级革命化影响的讨论，可以解读为无非是力求在以史为鉴时，抱持乐观主义的态度，甚至有些自我安慰的意味。而这种史鉴自有其道德意义：当代社会的各种关系陷入拜物教化后，可以视为冷若冰霜，尽管如此，仍可以指望情势逆转，资产阶级树立其确定性。一旦试图

---

[16] 中译参考《马克思恩格斯全集》第四十二卷，第95页，根据《马克思恩格斯选集》第一卷，第45页，有所改动。

知悉资产阶级的情境显得如此巩固的原因和途径，其实就已经开始摧毁这种情境了。实际上，马克思和恩格斯认为，最初的摧毁工作正是由资产阶级本身开展的。资产阶级之于历史，恰如不羁的孩子之于虚构的现代性居所。

可以肯定的是，论战的考虑胜过了理论上和分析上的严谨，但马克思和恩格斯还是十分精辟地指出："生产的不断变革，一切社会状况不停的动荡，永远的不安定和变动，这就是资产阶级时代不同于过去一切时代的地方。"他们进一步提出了脍炙人口的判断："一切固定的僵化的关系以及与之相适应的素被尊崇的观念和见解都被消除了，一切新形成的关系等不到固定下来就陈旧了。"（Marx and Engels, 1967：第83页）[17] 当然，这段话包含着一种重大矛盾。

的确，马克思和恩格斯宣称，资产阶级力图知悉世界，凭己之力，持续创造和再造着人类的居所（因此像是表现了海德格尔所看到的那种"栖居困境"）。但麻烦在于，马克思和恩格斯其实完全确信，这就是资产阶级的所作所为。可悖谬的是，他们又肯定，拜资产阶级所赐，没有任何东西真的具备确定性。为了避开这一问题，马克思和恩格斯采取了一个相对简单的权宜之计，认为尽管资产阶级可能确实具有革命性，但革命性还不够充分。换言之，他们提出，从革命无产阶级的角度来看，更具体地说，从知识分子的角度来看，资产阶级的关系的确表现出僵化的状态。马克思和恩格斯对阶级斗争和生产关系发展动力的处理，就犹如齐美尔后来赋予生命的地位。

---

[17] 中译据《马克思恩格斯选集》第一卷，第275页。

马克思和恩格斯明白，资产阶级有能力将神圣的东西变为凡俗，让固定的东西烟消云散。他们也知道，对曾经被视为自然的东西的这种解构，正是当下的界限的来源。而知悉了现代种种制度安排其实并非自然而然，不可避免，却有可能只是虚幻的城堡，也就预见了有朝一日它们可能都会被超越。因为我们是靠着自己的努力才到了今天这副样子，所以我们还能自己摆脱这种状况。短期的悲观态度是与长远的乐观精神携手并行的。这种奇怪的融合，或许也是使现代性成其为现代性的另一项规定性特征。

在马克思看来，之所以有可能知悉工人的一切，就是因为他们如此彻底地困于形式的界限之中。所以，悖谬的是，使马克思产生义愤、抱持悲观的那些情势，恰恰也让他能够理解实际存在的社会文化关系，并做出乐观的解释。这就是对限定的特性/身份/认同的建构和界认所能产生的最大好处之一。马克思在做出分析时，就像是一位反思型知识分子，致力于知悉现代世界意味着什么，并因此认为，那些业经确立的确定性，无非是许多有待超越的东西。不过，假如他不能识别出某些业经确立的确定性，也就不能对实际状况的谬误做出任何阐述，更不能以某种未来的名义，发出道德抨击。

对马克思来说，一切被想当然接受的确定性，都可以通过蕴示没有界限的东西而克服。但这种蕴示几乎必然受到有待克服的那些特性/身份/认同的决定性影响。只有已经存在，才有可能被超越。因此，超越性的理念始终必然只是对被识别为既存的东西的颠覆（当然，与此类似的是，所谓自由，也无非是比这种生活方式更好的另一种生活方式。有关自由的意义，我有另文详细探讨，参看 Tester, 1992）。

那些没有既存形式的界限的东西可以分为两类。它们要么界认出某种反思性主体，而这种主体与通行的僵化客体构成截然对立（也就是用革命无产阶级取代工人和工人阶级）；要么认同某种反思性境况，与通行的拜物教境况构成截然对立（也就是用共产主义取代商品化的资本主义关系）。但无论是革命无产阶级，还是共产主义，都是作为摆脱经验观察和知识的范畴发挥作用。相对于实际存在的东西，它们具有超越性。从许多方面来看，它们都必须具备这种超出观察的状态。最重要的是，一旦可能谈论什么"有无产阶级"或"有共产主义"，被视为没有界限的东西的意义也就彻底受到了界限的限制（这种情形在逻辑上是荒谬的，当齐美尔试图言说生命这个范畴究竟意味着什么但未能成功，也面临着这样的问题）。因此，革命无产阶级和共产主义所做出的承诺，好像是要彻底解决反思性与物化、求知与确定性之间的现代冲突。它们是限定的特性／身份／认同，却只能通过未来的成就才被知悉。它们无法成为此时此地的知识和活动的基础，因为超出此时此地正是它们内在固有的必然性质。

马克思在《哥达纲领批判》中的论述表明，共产主义就是对实存状况的超越，就是对这种状况的颠覆。不仅如此，还有一点值得注意，由于共产主义被视为对形式和僵化的克服，它自身的特征事实上多少属于不可言说。共产主义这种特性将由未来赐予。从当下的视角来看，或许可以肯定共产主义的特性将会兴起，但要揭示这种特性究竟包含什么内涵，可能性就要小得多。换句话说，共产主义的界限将会凸显，但在实现这些界限的那一刻到来之前，那些界限的性质是不可知的。到那时，它们又成了没有界限的。共产主义是一种超越性的特性，是一种没有界限的境况，我们要想知悉它，就只有诉诸界限，而它恰恰要使这些界限成为过时。

马克思明确指出，共产主义社会是不能孤立地知悉的。恰恰相反，要想理解共产主义社会，就必须认识到它"从资本主义社会中产生出来的；因此它在各方面，在经济、道德和精神方面都还带着它脱胎出来的那个旧社会的痕迹"（Marx，1942：第563页）。[18] 因此，共产主义这种境况之所以很好，基本就是由于它被视为对被解释成不好的既存关系的超越。不仅如此，马克思确立共产主义的方式其实就意味着，任何持续阻碍和约束自我规定的实践的僵化，都可以归咎为母亲的照看，或者说缺乏正确的照看。孩子无论有什么样的遗传问题或行为问题，本身多少都是没有责任的。关于这种豁免，马克思说得非常清楚："但是这些弊病，在经过长久阵痛刚刚从资本主义社会产生出来的共产主义社会第一阶段，是不可避免的。"（Marx，1942：第565页）[19]

马克思在研究资产阶级条件与共产主义条件下权利平等分别具有怎样的性质和意涵的时候，其实就蕴示了诞生伊始就具有的某些难题。他揭示道：既存的制度安排是不合法的界限，而未来的制度安排则属于超出这些界限。马克思批判将权利平等的观念用于财富生产与分配的思路。最重要的是，如果说全体个人都享有平等权利，就落入了"资产阶级的限制"的陷阱。他进一步阐述了这种限制的性质："它不承认任何阶级差别，因为每个人都

---

[18] 中译据《马克思恩格斯全集》第十九卷，第21页，原文"产生出来的"有黑体格式，本书引用时去掉了。

[19] 中译参考同上引，第22页，根据《马克思恩格斯选集》第三卷，第305页，有所改动。

第二章　特性／身份／认同

像其他人一样只是劳动者；但是它默认，劳动者的不同等的个人天赋，从而不同等的工作能力，是天然特权。"（Marx，1942：第564 页）[20]

问题的关键恰恰在于，并不是人人皆平等。有些劳动者比其他劳动者更能干，有些劳动者比其他劳动者需要更多："一个劳动者已经结婚，另一个则没有；一个劳动者的子女较多，另一个的子女较少，如此等等。"（Marx，1942：第564 页）[21] 用同一种标准来约束所有这些个体（比如说权利平等的标准），其实就是规定了人何以为人，而不是促成了自我规定。在马克思看来，这就是对生存的意义予以物化，施以界限。据说，所有的个人都应当"从一个特定的方面去对待他们，例如在现在所讲的这个场合，把他们只当作劳动者，再不把他们看作别的什么，把其他一切都撇开了"（Marx，1942：第564 页）。[22] 马克思认为，社会主体的平等性就意味着道德主体和经济主体的不平等性。因此，共产主义社会从资产阶级社会中脱胎而来，其权利观将必然是对资产阶级界限的某种颠覆。如此一来，"权利就不应当是平等的，而应当是不平等的。"[23]

然而，除了这种颇为直白的，甚至在方法论上过于简单的颠覆，对于共产主义社会，就没有太多可说的了。诚然，可以把共产主义乌托邦界定为一种克服了一切区分、一切冲突的情境。当

---

[20] 中译参考同上引，第22 页，根据《马克思恩格斯选集》第三卷，第305 页，有所改动。
[21] 中译据同上引，第22 页。
[22] 中译据同上引，第22 页。
[23] 此句原书无出处。中译据同上引，第22 页。

然，也可以把它看成是普遍性的家园，因为所有的特殊性的界限都已经被超越了。但那些预设至少是失之空泛，细节模糊。可以肯定的是，关键在于，马克思发现，要对将不会存在任何界限的未来境况的细节做出任何论述，既是基本不可能，也相当不合适。原因是显而易见的。如果马克思讨论细节，就会落入对原本应当没有界限的境况施加界限的陷阱，不仅如此，在政治上或许更重要的是，他等于是把有关共产主义社会的真理置于资产阶级秩序的环境之中。换句话说，他会把共产主义本身变成是有待通过新的制度安排的艰难诞生来克服的东西。

这样一来，共产主义的未来就变得多少有些不可言说了。马克思确实尝试过要就此说些明确的东西，但基本未能成功。他对于那种境况的特性的规定，只能是说它摆脱了这种境况的界限。比如说，在《哥达纲领批判》里，马克思将纷繁复杂的社会关系化约为一系列的断言和一句口号。他写道："在迫使个人奴隶般地服从分工的情形已经消失，从而脑力劳动和体力劳动的对立也随之消失之后"，就出现了"共产主义社会高级阶段"（Marx, 1942：第566页）。[24] 他继续勾勒共产主义将要超越的更多的界限。"在劳动已经不仅仅是谋生的手段，而且本身成了生活的第一需要之后；在随着个人的全面发展，他们的生产力也增长起来……之后"（Marx, 1942：第566页）[25]，共产主义就出现了。只有当所有的既存界限都被超越，只有当社会关系的实存形式都

---

[24] 中译据同上引，第22页。
[25] 中译参考同上引，第23页，根据《马克思恩格斯选集》第三卷，第305页，有所改动。

第二章 特性／身份／认同

被颠覆，都被否定，"只有在那个时候，才能完全超出资产阶级权利的狭隘眼界，社会才能在自己的旗帜上写上：各尽所能，按需分配！"（Marx, 1942：第566页）[26]

但恰恰是共产主义的这种超越性地位，使其成为某种有关自由的图景。而它之所以是自由，无非是因为体现出一种摆脱资产阶级秩序的界限的运动。马克思之类的论家（在这一点上，也包括其他所有转而关注这类事情的反思型知识分子）并未意识到，正是有关替代性制度安排的想象的可能性，使既存形式首先成了僵化和物化。他们也未能充分认识到，如果没有关于既存物化的预设，没有明确根植于僵化形式中的那些解释角度和历史角度上的确定性，也不可能有任何平台可以想象任何替代性。不会存在任何替代选择，也不会存在任何囚笼可以从中摆脱以奔向自由。其结果，共产主义尽管大可以成为对资本主义和资产阶级的颠覆，但共产主义也成了资本主义的私生子。它们其实属于相互增强、相互证成、相互形式化。

而在诉诸革命无产阶级这样的思路中，也能看到一种非常类似的策略，径直颠覆，进入无界限性。实际上，甚至可以说，无产阶级是一种相当独特的范畴，因为它涉及对自身的僵化的自我超越。资产阶级秩序是被别的什么东西超越的（这东西被称为共产主义），相反，既存的无产阶级则是被转变成革命者的无产阶级自身超越的。换句话说，对于那些受界限限制的、外化的劳动者，其工作的一部分就是实现对其自身的超越。马克思号召他们

---

[26] 中译据同上引，第23页，根据《马克思恩格斯选集》第三卷，第306页，将"法权"改为"权利"。

颠覆自身的物化，跃迁进入革命自觉意识的反思性。换言之，无产阶级这个范畴建构了工人的特性／身份／认同，而工人也借助这个范畴，有可能建构自己的特性／身份／认同。这是一种自我克服的特性／身份／认同。

《共产党宣言》里就展示了无产阶级范畴的这种辩证性质。在这份文献中，无产阶级不仅奠立了此时此地受界限限制的确定性，而且奠立了未来的自我认知不受界限限制的自我生产。

一方面，无产阶级受界限限制。通过这个分析范畴，就有可能理解并解释工人的生存境况。就此而言，无产阶级体现出物化的垂死效应。"挤在工厂里的工人群众就像士兵一样被组织起来。他们是产业军的普通士兵，受着各级军士和军官的层层监视。"马克思和恩格斯继续借用严格管制的类比来讨论无产阶级，因为这个阶级眼下是由工人来构成的："他们不仅仅是资产阶级的、资产阶级国家的奴隶，他们每日每时都受机器、受监工、首先是受各个经营工厂的资产者本人的奴役。"（Marx and Engels，1967：第88页）[27]

但在另一方面，恰恰是工人的这种受界限限制的状况，成了无产阶级革命潜力的前提条件。不仅如此，这些界限还提供了跃迁进入无界限状况的跳板。如此一来，革命无产阶级表现出一种求知意志，要了解资产阶级秩序的确定性，而在这种求知的过程中，也解构了那些确定性。如果没有从形式上确立资产阶级的成就，革命无产阶级就完全不可能取得成就。实际上，当马克思和恩格斯开始讨论无产阶级已经超出了作为一种分析范畴的地位，

---

[27] 中译据《马克思恩格斯选集》第一卷，第279页。

将全体劳动者联合起来，当他们开始讨论无产阶级已经成功地反思自身，也就必然开始将革命化约为颠覆。有鉴于此，马克思和恩格斯提出："在无产阶级的生活条件中，旧社会的生活条件已经被消灭了。"（Marx and Engels, 1967：第 92 页）[28] 用齐美尔的话来说，可以把这句话解读成宣示生命最终有能力克服形式。这段话至少在旧的形式与新的活动之间捕捉到某种文化冲突。

马克思和恩格斯还指出："无产者是没有财产的；他们和妻子儿女的关系同资产阶级的家庭关系再没有任何共同之处了；现代的工业劳动，现代的资本压迫，……都使无产者失去了任何民族性。"（Marx and Engels, 1967：第 92 页）[29] 这番议论更清楚地点出了革命无产阶级所做出的超越的实质。因此，就好像对共产主义缺乏具体描绘一样，构成革命无产阶级的特性/身份/认同的东西，也完全受制于既存的制度安排。革命无产阶级之所以能被认知，其特性/身份/认同之所以能被建构，就在于它否定了目前基本被想当然接受的那些制度安排。马克思和恩格斯继续对革命者大唱赞歌，进一步勾勒了这一点："法律、道德、宗教在他们看来全都是资产阶级偏见，隐藏在这些偏见后面的全都是资产阶级利益。"（Marx and Engels, 1967：第 92 页）[30] 就此而言，革命无产阶级是在表达对反思性话语的文化的坚定承诺。它是在挑战一切确定性，拒绝参与将真理视同于社会地位或位置的游戏。相反，它力求知晓确定性和解构的基础，向所有人揭示一切被视为

---

[28] 中译据同上引，第 283 页。
[29] 中译据同上引，第 283 页。
[30] 中译据同上引，第 283 页。

自然的陈述的人为虚设性质。

不过，无独有偶，与共产主义面临的情形相仿，有关革命无产阶级的具体面目，所作所为，目的宗旨，也是非常模糊。所谓"无产者在这个革命中失去的只是锁链。他们获得的将是整个世界"（Marx and Engels, 1967：第120至122页）。[31] 这句话很可能是实情。但要说这个世界的性质如何，将会在这个世界中生活的人们特性/身份/认同怎样，却依然无从知晓。说到特性/身份/认同，是不可能具备确定性的，更重要的是，也不具备正当性。

让-弗朗索瓦·利奥塔也以一种耐人寻味的方式，刻画了无产阶级的特性/身份/认同所具有的这些极其含糊的意涵。他指出，无产阶级的地位就犹如康德所说的"理念"。究其根本，当康德提出理念具有重要意义，他其实是想说，有可能以理性的方式设定某些确定的特性或东西，哪怕这些特性或东西远远超出了感官知觉之所能及。比如说，康德提出，永恒这一观念就是一种理念。他还写道：当我们谈论永恒的时候，"我们在这里仅只是处理（或者说调弄）理性自身所创造的理念，而其对象（如果有的话）则是全然远处于我们的视野之外的。"（Kant, 1963：第75至76页）[32] 所以，康德是想说，根据界定，永恒其实大大超出了人的"视野"，但即便如此，也是有可能谈论永恒，并认为永恒意味着某些确定的东西的。永恒之所以能够被表征（represented）（但不能被呈现 [presented]），就因为它是一种理念，源于理性的

---

[31] 中译据同上引，第307页。
[32] 中译据康德《历史理性批判文集》，何兆武译，商务印书馆1990年版，第86页，略有改动。

运作。之所以可能设定永恒，就因为理性间接指出了永恒的范畴，而不一定是因为永恒的确存在了。实际上，永恒是否存在，我们是无法知晓的。

因此，在利奥塔看来，马克思笔下的无产阶级也具有某种理念的地位。同样，它也完全是源于知识和理解的形式的运作。如此一来，利奥塔就完全有理由提出："没有人曾经看到过无产阶级（这是马克思自己说的）：当然，你可以观察到工人阶级，但他们只是可以观察到的社会的一部分。"不过，利奥塔继续谈道："不可能认为这个社会组成部分是无产阶级的具体化身，因为一个总体理念是没有任何具体呈现的，这是一个缥缈高远的问题。"（Lyotard, 1989：第23页）利奥塔诉诸缥缈高远，并暗示无产阶级之所以能够表征缥缈高远，正是因为它不能被呈现。利奥塔或许有些言过其实。诚然，可以说无产阶级（犹如共产主义）意味着对既存界限的超越。现在这差不多都成了一种老生常谈。但这根本不意味着超越就必然跃迁到缥缈高远本身。恰恰相反，它只是跃迁到一种特殊的情境，被想象为不受任何界限限制（也因此被那些依然受界限限制的人想象为缥缈高远），而这种想象之所以可能，就是因为构成想象作用点（也是想象的动因）的那些界限被颠覆，被否定。无产阶级并不一定是缥缈高远的，共产主义同样如此。它只是某种替代世界的特性，相对于这个世界，那个世界被视为具有超越性。

综上所述，或许可以看出，马克思的著述包含着对于后现代性的某种预见，虽然并不坚定，尚未实现，但却已经初露端倪。大可以把无产阶级和共产主义的特性解释成蕴示着一种不受界限限制的境况。这种解释本身基本是正确的。但马克思并没有超出自然状态被解构后建构起来的那些现代性的界限。从许多方面来看，他其实是先让现代的屋居承受基本要素的解构效应，然后又千方百计加固它的房基。不妨说，从马克思的著述中所可能找到的，并不是他试图超越现代，相反，是要力求摆脱似乎在屋门前隐约显现的生存的深渊。换句话说，马克思是一位立场明确的现代思想家。

根本上讲，马克思明白各种社会制度与安排的存在并非自然如此，而之所以显得自然如此，无非是因为它们是僵化的、物化的人类产物。他的著述非常清楚地意识到，这个世界之所以具有意义，只是因为人们忘了，那些意义范畴本身是偶然性的。这样一来，马克思就可能要直面一个无意义的世界（借用福柯的精彩表述，马克思已然濒临闪亮诱人的意义深渊）。不过，他并没有坠入深渊。事实上，他甚至都可能没有往深渊里张望。马克思并没有把超越和不可言说这两者的可能性推到极致（也就是说，并没有跃入缺乏任何定位和导向的缥缈高远的情境），而是把对于形式的超越这个故事变成了有关历史的故事。

马克思力求知悉既存形式的基础，但他之所以对此充满自信，毕生追求，却只是因为他从未质疑历史中明确宣示自身蕴涵的那些确定性。说到底，马克思的思想大可以包含着诸多沉默，这是不可避免的，也是耐人寻味的，但他之所以预备认可这些空白，却只是因为确信，随着历史的演进，这些空白都会被注满意义。无论马克思不能做什么，或者说不曾做什么，他至少确信，"资产阶级……首先生产的是它自身的掘墓人。资产阶级的灭亡和无产阶级的胜利是同样不可避免的。"（Marx and Engels，1967：

第二章 特性／身份／认同

第 94 页）[33]

马克思对无产阶级这个观念的用法，更进一步增强了他的思想中内在的现代性。在马克思看来，所谓无产阶级，至少在一定程度上通过当下这个环节的政治活动才能实现。这样的话，马克思等于是把无产阶级的某些特性／身份／认同化约为受界限限制的行动与意义的种种形式。比如说，在《共产党宣言》讨论"无产者与共产党人"的一章中，马克思和恩格斯不仅把革命无产阶级的利益和特性／身份／认同化约为组织化政党的活动，而且将这个党的宗旨化约为十项政策目标（Marx and Engels, 1967：第 104 至 105 页）。如此一来，无产阶级本身的命运就成了一种形式。诚然，这种形式拥有一个本质上带有神秘色彩的内核，但它总归是一种形式。其连带意涵是显而易见的：尽管马克思、恩格斯和所有共产主义者都把希望寄托在无产阶级身上的反思性和对物化的克服（"所以，在资产阶级社会里是过去支配现在；在共产主义社会里是现在支配过去。"[Marx and Engels, 1967：第 97 至 98 页]，[34] 就表明了这一点），但日后的知识分子却将无产阶级自身看作是有待超越的一种形式。

戈尔兹等许多论家都阐述了对无产阶级的形式和特性／身份／认同的超越。戈尔兹的著述中有一点耐人寻味，就是他满怀热情地要把反思性和自我规定从物化和外部规定中拯救出来，却如何意味着其实他根本没有能力有详细的阐述。马克思没有谈的东西，戈尔兹也没怎么谈。当然，戈尔兹不认为无产阶级的特

---

[33] 中译据《马克思恩格斯选集》第一卷，第 284 页。
[34] 中译据同上引，第 287 页。

性/身份/认同之类的观念是有用的,但当他就此试图给出某些范畴来理解事物的秩序时,却存在着巨大的空白。戈尔兹拒绝使用无产阶级这个概念,无论是作为对某个既存社会群体的描述,还是作为对革命行动主体的吁求。

在戈尔兹看来,马克思对(戈尔兹更愿意称之为)社会主义的吁求与想象,乃是基于两点预设。其一,照戈尔兹的说法,马克思认为社会主义"是由一个无产者化的社会生产者阶级来执行的,这个阶级构成了人口的绝大多数";其二,戈尔兹指出,马克思假定无产阶级"本质上是由对其阶级存在的自觉摒弃来规定的"(Gorz, 1982:第66页)。戈尔兹进而非常中肯地点出马克思对无产阶级的把握的辩证性质。他写道:"无产阶级是历史上前无古人、后无来者的一个特殊阶级,它自身毫无利益,而是通过摧毁其赖以构成的外部约束,取消自身的阶级存在。"(Gorz, 1982:第66页)

因此,按照戈尔兹的看法,无产阶级所面对的僵化已经变得如此强大,以至于自我超越这一规划沦于失败。首先,与马克思对历史的自信相反,戈尔兹提出:"这个阶级的社会活动没有产生任何权力,不具有夺取权力的手段,也没有感到被号召去夺取权力。"(Gorz, 1982:第67页)无产阶级既没有能力去克服形式,也没有做好这方面的准备,因为它并不把物化看作是囚笼。物化在它眼里,只是事情必然的方式。其次,戈尔兹认为,通过个人的工作来规定个人是一种错误的思路。因为有了新的技术和新的流程,"工人不再有可能通过'自己的'工作或'自己的'功能来辨识其特性/身份……发生的一切事情现在都仿佛外在于他们自身。'工作'本身已经变成大量的物化活动,等待着'工人',制

第二章 特性/身份/认同 69

服了'工人'。"（Gorz, 1982：第 67 页）这样的话，如果遵照马克思的思路，通过工作来确立特性／身份／认同，其实就是增强了僵化的支配地位，就是重新肯定了僵死的过去相对于鲜活的现在的首要性。

因此，戈尔兹试图超出劳动与阶级的特性／身份／认同的界限来进行分析。他提出，这样处理好处很多。它不仅使我们有可能更好地分析各种社会经济关系，而且也有助于让分析避免那些想当然的预设。在戈尔兹看来，不再谈无产阶级的特性／身份／认同其实是件大好事。最重要的是，"一个世纪以来，无产阶级这个观念已经成功地掩盖了自身的非现实性。但这个观念现在和无产阶级自身一样过时了。"（Gorz, 1982：第 67 页）他继续阐述了为什么说这个观念和据说它所指涉的现实一样已经过时："旧式的集体性生产劳动者逐渐被取代，一种由非传统劳动者（non-worker）组成的非传统阶级（non-class）正在形成。"（Gorz, 1982：第 67 页）显然，戈尔兹的眼光已经超出了界限，并就此直视意义的深渊。他笔下无产阶级之后的世界并不具有自身积极正面的意义，而只是一个否定既存形式和意义的世界。但在戈尔兹这里，这是一种没有目的的否定；而在马克思眼中，否定本质上始终是具有目的的。

戈尔兹似乎忘记了一点，没有界限的情境需要的只是被蕴示，而并不需要真的把握在手，因为那样做徒劳无果。因此，戈尔兹笔下所谓"后工业"社会的核心特性／身份／认同，其实就是非传统的特性／身份／认同（non-identity）。戈尔兹已经超出了意义的界限，止于乌有之地（nowhere）。他眼之所见，唯有否定，一个"后工业无产者组成的非传统阶级"。戈尔兹提出，这种非传统阶级对自身有所知晓，但不能产生确信。或者至少可以说，它只能以否定的方式来确定自身："就这些人来说，唯一的确定性就在于他们并不觉得自己属于工人阶级，或是属于任何其他阶级……新型无产阶级本质上属于非传统劳动者，只是暂时做些事情，而这些事情对他们毫无意义。"（Gorz, 1982：第 70 至 71 页）人们不禁很想问，戈尔兹又如何能够知道这一点，更让人奇怪的是，他怎能如此确定，乃至于专门写书来讨论。

究其根本，戈尔兹讨论无产阶级特性／身份／认同的书所体现的，正是对现代文化的冲突的讽刺。马克思提出了无产阶级这一不受界限限制的范畴，为超越资产阶级秩序的诸般形式提供了某种基础和积极参与者。而戈尔兹却把马克思的著述看作一种历史的虚设，本身已经僵化（成为一种技术性事业的遗产，被称作马克思主义，特别是马列主义）。因此，戈尔兹是通过奉行反思性话语的解释立场来看待马克思思想中的各项范畴的，并把它们解释成有待解构的物化范畴。这种解构在一定程度上等于系统颠覆了马克思笔下的各项范畴，揭示了它们的人为虚设性质（戈尔兹力图宣示解释上某种摆脱马克思体系的自由）。这样一来，当马克思分别通过无产阶级与生产资料之间的关系和无产阶级的政治组织，来界定作为客观阶级的无产阶级与作为主观阶级的无产阶级，戈尔兹却把无产阶级看成是一种非传统阶级，对他们来说，工作毫无意义，而政治则意味着对无能的反思（Gorz, 1982：第 72 页）。

在鲍德里亚的作品里，也能看到一种类似的解释思路，只是结果不同，目的相异。尤其是鲍德里亚那本很有意思的书，《在沉默大多数的阴影中》（Baudrillard, 1983），可以看到，对后现代的解释基本相当于对现代的种种表现和特性/身份/认同的超越。因此，很明显，鲍德里亚就像戈尔兹一样，都试图在不受界限限制的情况下展开思考。但鲍德里亚做得或许比戈尔兹出色。尤其是关于大众这一常常被人吁求的阶级，鲍德里亚关于其性质与意义的阐述颇有见地。

当然，关键在于，在有关现代的主导叙事中，大众往往被理解为社会层面的活动和转型的根本动因之一。鲍德里亚以其难以效仿的风格谈论了现代大众的特性/身份/认同（在诸多把风格和修饰的转变弄成结构本身的转变的论家中，鲍德里亚或许是最值得关注的之一）。他的路数实际上凸显并生动刻画了界限的诸多解释可能，非常精准地指出："根据他们的想象性表征，大众漂浮在消极被动与不羁自发之间，但始终作为某种蓄势待发的能量，是社会（the social）和社会能量的储备库。"（Baudrillard, 1983：第2页）举例具体说明鲍德里亚的观点，工人阶级要么被理解为已经总体外化，任凭资产阶级意识形态力量和物质力量摆布；要么转型成为革命无产阶级，而最能界定其特性/身份/认同的就是它不羁的行动，这样的行动所形成的能量，将会抛弃商品拜物教和僵死劳动的一切产品。

一方面，现代叙事将大众的特性/身份/认同解释成从外部强加的东西；而另一方面，特性/身份/认同又被解释为源于内部的东西。鲍德里亚认识到了这种双重特性/身份/认同，所以才会写道：大众"今天是一种沉默不言的所指，明日一旦开口言说，则不再作为'沉默的大多数'，而成为历史的主角"（Baudrillard, 1983：第2页）。不管怎么说，当鲍德里亚提出这些有益思考、激发心智的观点，当他转向解释后现代性的关键与实质，他还是从有关缺失的惯例角度来展开分析的。

现代的种种解释和特性/身份/认同强调了大众不羁自发的潜力，至少是深层蕴藏的社会能量。而鲍德里亚则超出了那些界限，创造出新的大众特性/身份/认同：几近于电视宅人（couch potatoes）。现代大众还有着实际或潜在、实现或蓄势的能量，而后现代大众则与此有天壤之别。鲍德里亚并不否认后现代大众也有力量，但他的确不认为这种力量是行动有为的力量。恰恰相反，按照鲍德里亚的看法，后现代大众的特性/身份/认同正是源于他们的静待无为。鲍德里亚认为，这些大众的力量"是一种很特别的静待无为的力量，其效力不同于我们的想象赖以发挥作用的所有那些所谓生产、辐射和扩张的图式，甚至希望毁灭那些图式"（Baudrillard，1983：第3页）。他们端坐电视机前，看着球赛转播，以此贡献革命。

鲍德里亚的要点在于，现代大众被束缚于生产和成为（becoming）的特性/身份/认同（也就是说，他们被理解为从这里进到那里），而后现代大众则完全不具备这种积极主动的力量与特性/身份/认同。他们只是静待无为。因此，他们算不上意义的生产者或生产现场，而只是意义的消费者和否定。如此一来，鲍德里亚便提出，就大众阶级而言，至少现代界限具有用处的日子已然逝去。"不再有任何极化倾向……体现在大众身上。正是这一点，导致所有那些凭借极点（两极，在复杂体系中或许更多）分离和区隔而维续的体系中出现了真空，并产生内向瓦解的效应。"（Baudrillard，1983：第6页）

不妨认为，有关无产阶级、共产主义和大众的这些话语，出色地刻画了齐美尔等人努力把握的现代文化中的那种冲突，或者

第二章 特性/身份/认同

说是现代性中的那种文化。一方面，现代的解释和实践必须能够指向世上的某些限定的特性／身份／认同。假如不曾发现那些东西的形式特征，或者更准确地说，不曾把这些特征创造出来（假如内容没有形式），那这个世界就不会具有意义了。无论如何，对自然狡计的现代解构的首要原则，就在于宣示意义是一种社会文化产物，是被制造出来的，而不是被给定的。这些特性／身份／认同必须是限定的，被想当然接受的，否则社会定位和导向就难以被领会。但另一方面，那些限定的特性／身份／认同本身又非常容易遭到反思性解构。

悖谬的是，那些特性／身份／认同创造出了意义，必须被想当然接受，其实却不能被视为不言自明。如果听任它们留在解构之外，它们就会在现代坚决而无情地摧毁一切被设定为自然存在的东西的过程中，构成重重阻碍。这个矛盾正是反思与物化之间冲突的症结所在。现代事业的两大冲击力其实颇难调和。如果承认这种冲突内在的不可调和性，表现之一就是确认某种后现代性的境况。

第三章　怀旧 / 恋乡

求定意志意味着创造和强加限定的特性 / 身份 / 认同。这样的话，它也意味着巩固人在世上的位置，提高其重要性。由于我们确知我们是什么，我们是谁，我们在哪里，我们也就知悉世界对于我们来说，并不具有任何终极秘密。我们的限定性和未来的承诺意味着，在通往自由的道路上，我们将不会坠入任何陷阱。但问题在于，某些人坚定奉行反思性话语的文化的诸般主张和要求，基于他们的领会 / 忧惧（apprehended），那些确定性本身就像是重重囚笼。因此，一切限定的东西都有待被超越。悖谬的是，我们的位置和命运的确定性恰恰奠立了某种深切的自信，要挑战在某些人看来被不合法地视之为不言自明的东西。

与此同时，求知意志则意味着超越任何具有明确形式的限定的特性 / 身份 / 认同。它所蕴涵的不是确定性，而是不懈的运动。它所蕴涵的不是基于先赋的安全庇护，而是针对获致的艰苦奋争，永不停息，永无止境。求知意志意味着不懈的自我规定，而不是接受来自外部的任何规定（而限定的特性 / 身份 / 认同恰恰是这样一种外部施加的意义）。不过，无论是自我规定的成就，还是针对那些就此被界认为物化的东西的反思，其最终的结果和目的都是不可说的。无论如何，要事先界认出某种最终目标并知悉其意义，其实就等于赋予其确定性，规定了事物的意义（这可以说是康德论启蒙的文章所蕴涵的众多问题之一；也可以说是这篇文章含义如此丰富的原因之一。康德这份文献包含着一个非常重大的问题：启蒙在逻辑上可能意味着对启蒙自身的超越。参看 Kant, 1970)。这等于是全盘否认了求知意志的意涵。

所以说，求定意志使人在世上其他所有东西面前显得高大，至少是居于核心（因为人是轴心，牵引其他一切围绕自己转动；求定意志坚信，宇宙万物都围绕着一个静止不动、始终同一、不可置疑的核心在转动，而"人"就是这个核心的象征）；而求知意志则使人显得渺小，始终处于边缘（借用叶芝《基督重临》[The Second Coming]中的诗句，这意味着"猎鹰再也听不见驯鹰人的呼声"[1]）。

我们生活在一个虚构的世界，而不是一个自然的世界，对于这一事实，在解释学上有两种反应，它们具有同样的合法性，也同样地纯粹（任何一种都不是另一种的腐坏堕落或病入膏肓的版本），其实，它们本质上多少是彼此矛盾的。从许多方面来看，都可以把矛盾与冲突的展现视为现代性兴起的确切迹象。但还应当强调，如果是从现代性的思想、形式和实践条件内部出发，这种冲突其实基本上是难以解决的。为了调和求定意志与求知意志彼此歧异的宗旨与诉求，就必须蕴示对现代性的种种安排和关系的超越。

从许多方面来看，这正是有关后现代性的争论的实质所在。这些争论或犹豫不决，或满怀激情，要克服确定性与求知之间的矛盾。不过，后现代性并不意味着一劳永逸地就此调和矛盾。它

---

[1] 原书第59页所引的就是紧接着的下一句："万物崩散，中心不再"。可以比照《叶芝文集卷一·朝圣者的灵魂》，王家新编选，东方出版社1996年版，第150页袁可嘉译文。

只是蕴示了对这种矛盾的辩证超越。

对这种彻底不可解决的现代困境的反思，贯穿着许多极为重要的现代神话／迷思。例如，围绕着有关求知的确定性与对于确定性的求知的问题，存在主义的洞见发人深省。最出色的存在主义文献（一概都是小说，而不是更自觉的学院派哲学著作；这一点尤其适用于萨特，他的小说所展现出的那种简洁明晰，在他更为自觉的"重要论著"中全看不见，令人遗憾）中的洞见与诉求，就在于一桩出于直觉但或许从未明确把握的事实：有关求知的确定性与对于确定性的求知其实是相当难以契合的。（为了例示这一点，有必要比较《恶心》中的自学者 [Autodidact] 与安托万·罗冈丹 [Antoine Roquentin]，参看 Sartre，1965。）或许这里也体现出存在主义者试图通过将生存的戏剧向内置于主人公的头脑中，向外置于任性随意但往往彻底空虚的行为中，来克服这一难题。无论如何，可以把存在主义解读成现代性的一个神话／迷思，试图就人在现代事物秩序中的位置说些确知的东西。

不过，在浮士德传奇中对人在虚设的现代世界中的艰难定位的反思则更加明显，更具原创性，甚至更为深刻（有关歌德笔下的浮士德传奇及其在现代性中的重要意义，参看 Berman，1983 与 Redner，1982 的出色探讨。雷德纳还非常正确地关注到了马洛和托马斯·曼笔下的浮士德）。即便只是浮光掠影地看看浮士德故事中的某些主题，也能揭示现代性的一些悖论、问题和可能性。

浮士德具有足够的现代成分，可以知晓所谓确定性的匮乏。当然，由于浮士德是一位极具自觉意识、热切反思的知识分子，这大大加剧了他的一种感觉：一切历来被接受的东西都不复如

第三章 怀旧／恋乡 77

此。浮士德了解到，确定性令人厌烦，无非是约束了自足的人性如果挣脱其囚笼而自由发展所可能取得的成就（尽管浮士德的故事最终有一处悖谬：只有当人类放弃了自足，才能挣脱形式的囚笼）。在浮士德的故事中，最初由求知意志创造出来的虚设的世界，已经变成了基本被想当然接受的确定性的家园。因此，它已经从一处放浪不羁的场所（至少什么事情都可能发生），转变成灵魂的囚室。浮士德陷入了形式的束缚，而正是这些形式，此前使他有可能表现生命。比如说，克里斯多夫·马洛让自己笔下的浮士德博士百无聊赖地思忖着："使人善辩是逻辑学的主要目的？ / 这门技艺不能带来更大的奇迹？ / 那么无须再读，你已达到目的。"（Marlowe, 1976：第 276 页）[2]

马洛笔下的浮士德尽管如此追问，却依然不能停止阅读与思考。无论如何，透过浮士德，就可能看到现代知识分子的精神与伦理的某种表现和反映。马洛所塑造的人物从不停止求知的愿望。浮士德或许会感到厌倦，陷入郁闷，但依然被针对此前开发出来的产品的解构意志所驱动。这些产品现在呈现为事实，具备自然的确定性。而任何作为自然出现在眼前的东西都需要被认知（马洛笔下的浮士德在许多方面来看堪称培根的同伴）。尤其是当面对人性的物化，面对这即使到现在也尚未得到完全应对的状况，马洛笔下的浮士德博士想要知晓，众生男女如何能够挣脱其终究难免一朽的生理形式这一囚笼。他所面对的，是死亡这一

---

[2] 见马洛《浮士德博士》第一幕第一场。中译文采用"Colin Clovts"的网易博客，下同，博文末标明"贰零零柒年拾壹月拾日 Hermes 于歌乐山下，按照原计划译完马洛的《浮士德博士的悲剧》第一幕，愿上帝保佑他，阿门"。向这位孤独的谦卑者致敬。

终极物化。但即便面对怀疑和厌倦，浮士德也有足够的自信，尝试应对不朽这一陈腐的形上难题。与知晓死亡奥秘的斗争相比起来，浮士德觉得所有的确定性都是微不足道的。在这里，浮士德是在叩问自己，是在反思性地质疑自己的自负与雄心，又为之击节赞赏："浮士德的才智适合更伟大的学问：/……做一名医师吧，浮士德，堆起黄金，/ 因为一些神奇的医治而不朽！"（Marlowe, 1976：第 276 页）

待到马洛笔下的浮士德博士（Doctor Faustus）变成歌德笔下的浮士德（Faust），践行反思并由此摆脱任何物化的斗争变得愈发明确。歌德笔下的浮士德也厌倦了确定性的形式建筑（因此，或许所研究的高耸兀立的哥特式建筑就体现了人类受到约束、趋于狭隘的希望）。浮士德已经获得了确定性和自信心，但这些却具有彻底的悖谬色彩。他确知，任何绝对的确定性充其量都不过是变幻无常，甚至可能是镜花水月（在这里，歌德已经部分预现了韦伯有关学术的讲法，那一幕讲述的是学术的宗旨正在于成就自身的过时）："我终于明白无知正是我们的命运 / 想到这一点真让我心生怨恨"。（Goethe, 1949：43）[3]

为了更进一步说明昆德拉所讲述的关于文学的故事，有必要比较马洛笔下的浮士德和歌德所描绘的浮士德。马洛让浮士德通过寻欢作乐、探奇揽胜而超越了厌倦与困顿；而日后的歌德所讲述的故事，则是以有意激发心智的斗争，超越一切形式的物化。

---

[3] 见歌德《浮士德》"悲剧第一幕·夜"开篇，此处未采用董问樵、绿原、钱春绮、郭沫若等人各种版本的中译文，是希望凸显"命运"和"怨恨"这样的关键词。下文各处均综合参考各中译版本，根据本书所引英译而自译。

第三章　怀旧 / 恋乡

马洛笔下的浮士德出门向外，而歌德笔下的浮士德最初则进门入内，自处深思，意味深长。

或许这一差异有助于说明，在歌德版本的故事中，浮士德翻译《圣经》那一幕为何如此重要，暴露了他真实的生存境况。歌德笔下的浮士德不觉得翻译是一件轻而易举的任务。但到最后，他完全认为《创世记》基本就是有关现代想象的自我规定的某种自我意象："我译道，'太初有为'"（Goethe, 1949：第71页。这段话构成了雷德纳的杰作的核心主题）。浮士德的翻译很显然可以解读为付出了重大努力，要重申反思性。在浮士德看来，存在即是作为，即是塑造。它是坚定主动的生产，而不是消极平静的消费（马洛笔下的浮士德准备消费掉给予他的一切意象和客体，而歌德笔下的浮士德却想在这些意象和客体的生产中尽一份力）。但这种斗争是有代价的，就是拒绝接受任何被想当然接受的东西的合法性。

歌德笔下的浮士德所面临的难题在于，在这个他自己的确定性被解构的世界上，他丧失了一切定位和导向。太初之为很可能揭启了一切，但即便如此，它也不具备任何确定的定位或宗旨。让这个难题更加棘手的是，浮士德不顾一切地试图通过摆脱过去的成就所积累下来的传统，创造出新的反思可能。在浮士德的眼里，过去就是现在和未来的资源。

有鉴于此，整个故事中有一幕堪称意义重大的环节，就是浮士德外出散步，却陷入民众的重重包围，纷纷向他鼓掌致意。民众们感激这位良医，很久以前和他的父亲一起不辞辛劳，妙手回春，让城镇免于瘟疫流行（Goethe, 1949：第64至67页）。浮士德的问题在于，那些击节赞叹的手，却宛如在敲响丧钟。面对民众的欢呼，他的反应却是匆匆退去，不愿忆及往昔。他有意要努力摆脱过去一切确定性的界限。但这样一来，他便不再知晓自己是谁，身在何处。浮士德不懈的求知意志所能产生的，就只是一层又一层的怀疑。面对自己荣耀的过去，浮士德看到的是一种存在的危机。他不禁发问，却完全不能回答这样的问题："难道我应与诸神比肩？对此我太有自觉。/ 我只配与虫蚁并列，一心往那尘土里钻。"（Goethe，1949：第52页）

在浮士德看来，对于民众明确表达的 / 规定性的（defining）感激之情，唯一有力的反应就是尝试忘记有关自己可堪与诸神比肩还是只配和虫蚁并列的问题。而要忘记这个问题，既要重申自足的作为（这样就不会追问有关存在的地位的问题了），又要巧妙地避过为其他人提供确定性的重任，虽说这样做归根到底蕴含着危险。（就此而言，浮士德向靡菲斯托求助，就绝好地例示了康德慨叹为普遍启蒙之路上最大障碍之一的那种怯懦。参看 Kant，1970。）

究其根本，歌德笔下的浮士德所体现出的，正是现代性凸显的解释问题和道德问题。体现知识分子关注的求知意志无非意味着有可能发现彻底而可怕的意义深渊，没有了现代性建构的屋墙为依托。浮士德已经直面一种可能性：一切被视为不言自明而接受的东西都可能没有什么意义，甚至完全无益。置身民众的鼓掌欢呼，他却感到恐慌，这反映出一种更为深广的忧惧，害怕在传统所能提供的娱乐慰藉、文化关系所能给予的廉价荣耀之外，隐然显现的那些东西。浮士德预见到，除了传统的仪式，或许不存在任何源泉能提供保障，为此他大为震惊。不过，他的恐慌也体现出知识分子的立场：传统本身也让人害怕。

第三章　怀旧 / 恋乡

59　　歌德所讲述的浮士德的故事证明了现代性所面临的一个难题：知晓一切也就意味着知晓一切的合法性至少在原则上都只是纯粹暂时性的。今天尚未被解构的东西，无非是留待明天被解构。而求知意志要说获得成功，只是因为剩下来的那些东西会逐渐但有条不紊地被清空。可以说，当事物的秩序在人们的作为和虚构之下，与确立构成互斥，歌德揭示了就此呈现出的新情境的某些要害之处。歌德还点出，在某些人看来，现代的作为就这么被全盘忘却（他们之所以很高兴地赞赏回忆，只是因为它们依然被视为美好；但他们并没有认识到，只要他们还在击节赞赏，这些回忆就始终会被视为美好）；而在另一些人眼中，在反思型知识分子看来，就应该不惜一切代价，彻底清理有关作为的故事。对知识分子来说，确定性实在令人厌倦，不值得继续支持。

　　浮士德一方面知晓，确定性令人厌倦。在他看来，这是一座做出约束和规定的囚笼。但他也明白，如果没有确定性，任何事情都不可能被言说，不可能被求知，甚至很可能不可被作为。没有物化了的形式，其实就不可能有任何反思性。而要没有反思性，人的居所就不可能被构造出来。浮士德知道，要是没有社会文化活动针对自身的斗争，在可以预见的未来，人类就会囿于受界限限制的物化形式之中。他也知道，物化可以被超越，也因此（遵循康德的思路）应当被超越，但这种克服的结果或许并不都是好事。归根结底，向靡菲斯托求助就体现了浮士德这一方已经神经崩溃。他希望摆脱一切界限，但又想得到某人或某物的扶持。如此一来，他就根本没有摆脱什么界限。

　　一方面，歌德笔下的浮士德知晓，他在原则上是自足的；他知道自己能够规定自身的特性／身份／认同。借用后世一位诗人的词句，他很清楚，没有他自己，"万物崩散，中心不再"（Yeats, 1982）。[4] 但在另一方面，作为自己已经成为的这种个体，他的特性／身份／认同却在直觉上被感受为一种约束，单调乏味。限定的特性／身份／认同是一种有待克服的东西。面对自己究竟是神是虫的困境，浮士德陷入绝望。到最后，歌德其实没有给出任何答案。浮士德确信，没有自己，世界将分崩瓦解，但他或许不能完全确信，自己今天的特性／身份／认同，明日还依然会属于自己。

为了具体呈现这些观点的背景，可以说"只要存在泡浸在'没有我们，定遭洪水灭世'的感觉之中，它便具有了现代性"（Bauman, 1991：第7页）。[5] 事实上，浮士德就面临这种洪水灭世的可能性，但他只是转头不见，找了个借口不往下看万丈深渊。这个借口就在于梅菲斯托，因为他承诺，实现解构之后，将会在未来找到终极意义（虽说梅菲斯托并没有和盘托出，一旦实现解构，浮士德就难免一死，并就此一劳永逸地克服自身的特性／身份／认同）。歌德强调浮士德所面临的这一困境，似乎是要让现代的各项制度安排知悉洪水灭世的可能性。他甚至原本可以写一则寓言，告知我们必然会面临灭顶之灾。但他却给出了某种令人绝望的希望，说我们可能永远不会被洪水卷入意义的深渊。

但我们可以不必直面深渊，转而贯彻宏大的规划，转移我们的注意力，或是把洪水灭世的那一刻定在永远不会到来的未来某

---

[4] 参看第76页注释1。

[5] 中译据鲍曼《现代性与矛盾性》，邵迎生译，商务印书馆2003年版，第12页。

时。要么我们可以变成乌托邦主义者，确认未来某个时刻的确会洪水滔天，只是已经完全不必担忧，真到那时候，也无非是一场倾盆大雨，涤荡污浊。通过这些方式，事物的秩序都可以认识为属于现代，但也会被想当然地接受，视为比较坚固的位置，将保护现代的居民们免于风暴，让狂风暴雨只在蕴含意义的状况之外肆虐。

马克思的著作里就可以看到这种思路。一方面，他解构了所有确定性，以充分揭示意义深渊的可怖之处。但另一方面，他又告诉那些吓呆了的旁观者，一切最终都会好起来的，从而把他们从悬崖边拉了回来。就这样，事物的秩序既可以被视为某种狡计，也可以被视为足以支撑未来可能发生的事情。马克思迫使人们直面在现代性的前门外隐然显现的绝望，但随后又以父辈庇护之手拢住听众，告诉他们别害怕。未来，以及对于未来所要求的那些实践的坚定奉行，将能确保意义的可能性。要具体看看所有这一切的例证，不妨读读马克思 1856 年 4 月在《人民报》(People's Paper) 创刊纪念会上的简短演说 (Marx, 1973；伯曼也讨论了这篇演说，参看 Berman, 1983：第 19 至 21 页[6])。

马克思在演说中开门见山，告诉听众，晚近在欧洲发生的一系列事件已经揭示了发生社会文化灾难的可能性。他指出："那些所谓的 1848 年革命，只不过是些微不足道的事件，是欧洲社会干硬外壳上的一些细小的裂口和缝隙。"但是它们所展现出的

---

[6] 参看伯曼《一切坚固的东西都烟消云散了——现代性体验》，徐大建、张辑译，商务印书馆 2003 年版，第 19 至 23 页。前文也可参看此书第一章"歌德的《浮士德》"。

事情却是宏大而深远的。显然，这些事件"暴露出了外壳下面的一个无底深渊。在看来似乎坚硬的外表下面，现出了一片汪洋大海，只要它动荡起来，就能把由坚硬岩石构成的大陆撞得粉碎"（Marx, 1973：第 299 页）。[7] 所以必须承认，这里明显可以感觉到，马克思读过一部颇为花哨的地质学著作，但他的确很好地传递了末日天启的意识。马克思其实是在说，有可能知悉隐藏在表面形式之下的那些真理；同时有可能知悉，那些通行的确定性和物化也会分崩瓦解。

不过，看看接下来会发生什么，会很有启发。面临深渊，浮士德耗尽了自信；马克思也是如此。当下太有可能陷入彻底的反思性和流动性，这让他难以承受，不想继续强撑。彻底的反思性在未来大可以允许如此，事实上日后也的确如此，但在当下，彻底的反思性（一切都是内容，没有任何形式；万般皆运动，没有任何限定的特性/身份/认同）却纯属过度。当然，未来对于这个特定问题来说的确很美，因为它始终是远方不断退却的地平线上的某个点。根据定义，未来是始终有待达到的点。现代对于未来抱持信念的前提条件，正在于未来之内在固有的不可达致性。因此，现代信念的诸多对象和条件也是不可达致的。

马克思之所以预测了深渊，只是为了从其命运中勾勒出确定性。有关深渊的蕴示真正揭示的其实就是一种确定的未来："它们吵吵嚷嚷、模模糊糊地宣布了无产阶级解放这个十九世纪的秘密，十九世纪革命的秘密。"（Marx, 1973：第 299 页）[8] 演说最

---

[7] 中译据《马克思恩格斯全集》第十二卷，第 3 页。
[8] 中译据同上引，第 3 页。

后，马克思更让自己做出了进一步的预言。他再一次展示了自己思想中根深蒂固、无法摆脱的现代性。马克思是求知意志的典型代表，但他并不因此蕴示某种后现代的境况，摆脱一切现代的界限。相反，他进到深渊边缘，随即后退，在历史中重新找回确定性的慰藉（也就是一种长远来看的求定意志）。马克思告诉听众，在中世纪的德国，曾有一个秘密团体习惯在某些人家的房门上画上一个红十字，这些人要因为其"统治阶级的罪行"受到民众的报复。红十字就成了固定特性/身份的标志。马克思继续对听众说："现在，欧洲所有的房子都画上了神秘的红十字。历史本身就是审判官，而无产阶级就是执刑者。"(Marx, 1973：第300页)[9]

因此不妨认为，马克思的著作可以解读为十分清晰地表达了现代性之作为未来性。马克思围绕着意义的深渊展开工作，感到急需通过把一切的确定性都置于某种未来境况，来解构限定的特性/身份/认同。未来几乎等于一切。在他的著述中，很难看到对过去的尊重。马克思以其突出的统一性/正直（integrity），拒绝回避求知意志所带来的棘手后果。他并没有躲在传统虚张声势地馈赠予他的那些安稳的确定性背后。他知道，传统不仅是一种违逆反思性的形式，更有悖于坚持不懈地解构那些被想当然接受的东西（说到底，传统的关键正是它就那么在那儿，表现得历来如此，并会持续下去）。对现代性的事物秩序，马克思所做出的回应就是设计未来的蓝图，打造更好的秩序。而这又意味着过去必须予以摧毁，一劳永逸地抛弃。

在马克思看来，属于过去和传统的东西只不过是迷信和不成

---

[9] 中译据同上引，第5页。

熟的情境，必须以现代各项制度安排的名义，予以彻底摧毁（这让人回想起康德笔下启蒙的律令）。其结果，那些践行并坚信被想当然接受的东西的群体，在坚定面向未来的立场看来，就成了有待解决的问题。用伯曼的话来说，他们成了"挡路的人，阻碍了历史之路，进步之路，发展之路，被归为过时之人而被抛弃"（Berman，1983：第 67 页。[10] 伯曼也用这个观点来讨论浮士德，视之为面向未来的一位现代化形象）。

在马克思论述印度问题的一系列文章中，非常清楚地体现出这些主题。马克思津津乐道的是，资本主义经大英帝国之手逐渐全球化，最终碾碎了挡在通往未来之征途上的一切传统习俗、意义和社会关系（马克思之所以确信各种带有本土特色的形式都属于有待克服的障碍，正是出于对未来的自信）。不过，在论印度问题的系列文章中，有一篇里的一处行文读起来让人感觉，马克思作为现代性的重要代表，却对如此众多的旧有方式遭致毁灭感到惋惜。读者一度以为，面对传统被连根拔除的情境，马克思不禁落泪。他写道：不列颠在印度的统治的扩张后果严重，"从……人的感情上来说，……是会感到悲伤的。"（Marx，1973a：第 306 页）[11] 在马克思看来，将印度拖入现代性的情境，这样触及情感，令人感到可怕，因为它摧毁了具有本土特色的关

---

[10] 中译系自译，可参看伯曼《一切坚固的东西都烟消云散了——现代性体验》，第 86 页。

[11] 中译据《马克思恩格斯全集》第九卷，第 148 页，整句话的上半句为"从纯粹的人的感情上来说，亲眼看到这无数勤劳的宗法制的和平的社会组织崩溃、瓦解、被投入苦海，亲眼看到它们的成员既丧失自己的古老形式的文明又丧失祖传的谋生手段，是会感到悲伤的"；但下半句则笔锋陡转，"但是我们不应该忘记……"。

第三章　怀旧／恋乡

系。不列颠的统治将印度推入了意义的深渊。马克思认为，不列颠（因此也是不列颠的资本主义）在印度的统治已经导致"无数勤劳的宗法制的和平的社会组织崩溃、瓦解、被投入苦海，它们的成员既丧失自己的古老形式的文明又丧失祖传的谋生手段"（Marx，1973a：第 306 页）。

在这里，马克思面对着自然狡计被解构后在解释和存在意义上带有的后果。他等于是在表明，求知意志的展现与践行意味着摧毁一切确定性。但马克思并不因此出于恐慌而缴械投降，不敢直面所做一切的彻底的无意义性。恰恰相反，他坚定地面向未来，虚构一种经过改进的事物的秩序。所以他坚信，即使印度的传统被强行推入深渊，其实可能是件值得大书特书的好事。对于古老尊崇的传统，对于被想当然接受的东西，马克思的恻隐之心只动得一时，很快变成了鳄鱼的眼泪。

说到底，在马克思眼里，其实有足够的正当理由来强制推行现代性，因为对农村关系和生产的田园牧歌般描绘自有其另外一面。印度的问题是现代性能够解决也应当解决的，就在于本土的境况规定了人性，而不是让人性自我规定。换句话说，马克思最终是为这些自然狡计在印度遭到解构而大唱赞歌，因为在他看来，这类物化了的形式就是对自足性的非法囚禁。他指出："但是我们不应当忘记：这些田园风味的农村公社不管初看起来怎样无害于人，却始终是东方专制制度的牢固基础。"（Marx，1973a：第 306 页）[12] 接下来，马克思对本土的形式大加斥责，其理由立即让人回想起康德吁求启蒙的根据。马克思提请其现代欧洲读

---

[12] 中译据同上引，第 148 页。

者，千万不要忘记，印度的那些形式"使人的头脑局限在极小的范围内，成为迷信的驯服工具，成为传统规则的奴隶，表现不出任何伟大和任何历史首创精神"（Marx, 1973a：第 306 页）。[13]

所以，究其根本，对于一切已经被确立为物化了的形式的东西，马克思都要坚决摒弃。实际上，马克思的事业之所以蕴含意义，正是因为对形式的无情超越意味着另一种可替代的未来。正是对这样的未来的坚定立场，让人们确信马克思其实从未努力以反思性的方式解构一切。

但争取超越的斗争也可能带来另一些后果。它可能意味着以不同的技术来躲避深渊。通过怀旧／恋乡的立场，可以把求知意志的进步变成长远来看的确定性。事实上，怀旧／恋乡对现代性的规定程度，正好像马洛笔下的浮士德、歌德笔下的浮士德和马克思等以不同方式体现的那种不懈反思、坚定面向未来的立场。无论是怀旧／恋乡还是反思，都意味着对既存和当下的东西的超越，而既存和当下的东西也因此被界认为物化的、限制性的形式。它们之间的差别则在于，反思性往往会推向未来并因此创造未来，而怀旧／恋乡则推向过去并因此创造过去。马尔科姆·蔡司和克里斯多夫·肖有一个观点非常重要，认为在马克思之类论家的乌托邦式未来性和怀旧／恋乡感之间存在着深层的关联。他们写道："怀旧／恋乡可能之时，即是乌托邦成立那一刻。与想象的未来相对应的，就是想象的过去。"（Chase and Shaw, 1989：第 9 页）

未来性与怀旧／恋乡之间的关联值得深入探讨。不妨认为，这种关联证明，怀旧／恋乡感可能并非一种非历史性的常项，任

---

[13] 中译据同上引，第 148 页。

何人在任何时刻都有可能产生这样的情感。相反,只有在特定的地点,特定的时刻,才有可能产生怀旧/恋乡感。蔡司和肖更具体提出,要构成怀旧/恋乡的存在条件,需要满足三项前提。有必要指出的是,这些条件只是在解构自然狡计的实践中兴起的那种情境的一些特征,因此,只有在至少能够原则上从其自身的角度理解自身的背景中,这些条件才能通行。

首先,只有在存在线性时间观念(也就是某种历史观念)的文化环境中,怀旧/恋乡感才能发展起来。现在被视为某种特定的过去和某种有待实现的未来的产物。其次,怀旧/恋乡要求具备"某种认识,即现在是有欠缺的。尤其令人注目的是,这种认识可以用来指历史的重大衰落,用于往昔伟大帝国之类的东西的衰微"(Chase and Shaw,1989:第3页)。它还可以用来指对于存在的意义和性质的那些重要解释的衰微,以及它们那些曾经重要的限定特性/身份/认同的衰微。第三,怀旧/恋乡还要求来自过去的人为虚设在生存角度和物质角度上有所呈现。"一个社会如果全盘抛弃其古老的、过时的技术,无情地扔掉短暂即逝的东西,自信地覆盖前朝世代的发展积累,那就会缺乏赖以建构怀旧/恋乡的物质对象。"(Chase and Shaw,1989:第4页)

如果把这三项前提归在一起来看,就会清楚地看到,如果社会被视为这样一种情境,从具有规定作用的某处移至有待被规定的另一处,在这样的文化环境中,怀旧/恋乡就会兴起。换言之,怀旧/恋乡是现代性的一项特征。它既为确定性奠立了丰厚的根基,也为解构提供了肥沃的土壤。它是针对现代性中的文化冲突所做出的一种反应。

雷蒙·威廉斯已经强调了怀旧/恋乡对现代想象的重要性。

在《乡村与城市》这部书中，威廉斯很有说服力地提出，在针对有关都市的体验所做出的具有神话／迷思色彩的反应中，怀旧／恋乡发挥了重要作用。威廉斯就此指出，未来感附着于城市，而怀旧／恋乡感附着于乡村（Williams，1973：第297页）。他大致认为，甚至毫不怀疑，这种二元对立作为神话／迷思，有助于掩饰日常生活的种种矛盾，甚至将其完全掩盖："我们通过某些重要的形式，意识到我们的经验中的核心，意识到我们社会的危机，城乡的对比显然就属于这些形式之一。"（Williams，1973：第289页）换言之，乡村是城市的它者[14]，并就此构成了一种属于过去的确定性的情境，与都市风格的现在的感觉流形成对应。

威廉斯考察了文学尤其是英国文学中所展现的城市和乡村的相关主题，得出了这些结论。他相信，自己能够从中捕捉到某种多少反复出现的趋向：唤回某种以规定的确定性为典型特征的乡村理想，这种理想几乎必然不能允许有任何建构性的位置，留给自我规定和反思性这样的现代努力（比如说，理查森 [Richardson] 笔下的克拉丽莎 [Clarissa] 的命运就见证了这一点；她以反思性的方式所成就的，却只是解构本身的物化）。根据威廉斯的说法，问题是显而易见的："据说怀旧／恋乡是普遍的，持恒的。"（Williams，1973：第12页）

威廉斯的问题在于，他不像蔡司和肖，未能揭开怀旧／恋乡的意义。他似乎是想说，怀旧／恋乡所代表的，是对城市的种种

---

[14] 本书中的"other"或"others"在大多数地方泛指"他人"，少数地方特指"它者"或"（多元）它者"。中译并未统一。第六章的标题也译作"他人"，虽然其中的部分内容也讨论了"它者"。

问题和矛盾所做出的一种多少统合一致的反应。不仅如此，他所采用的那种历史方法也意味着无法注意到怀旧／恋乡在本质上的现代性。威廉斯没有注意到，怀旧／恋乡并不是很顺利地就能作为对现代性的直截了当的批判。诚然，怀旧／恋乡常常被弄成对现代性的比较准确和有力的批判，真要硬称并非如此，那才是愚蠢之言。不过，或许更有意思的是，在解释学的角度上，怀旧／恋乡也能够充当对于现代性的正当化证明。怀旧／恋乡设定了一种过去，后者之所以令人感到慰藉，正是因为它既已不复存在，也已不能再现。

怀旧／恋乡感意味着一种双重的渴求（longing），而其核心便是对某种缺失的东西的欲望（desire）。首先，怀旧／恋乡意味着某种思乡（homesickness）。它预设从某种角度上说，产生渴念（yearning）的主体要么无家，要么去国（也就是说，抱持渴念的人出于偶然或是特意，发现自己置身于认为自己应当所处的地方的别处。换句话说，如果没有运动和转化，就不可能有怀旧／恋乡）。其次，怀旧／恋乡意味着渴求某种属于远方或往昔的东西（现在被视为与过去有质的不同。换句话说，相对于物化了的过去，现在就是一种反思性的成就）。

所以说，威廉斯讲述的是怀旧／恋乡的后一种意义，这本身不无道理，但怀旧／恋乡的前一种意义更有意味。更重要的是，只有当我知道自己失去了家园，才有可能渴望家园。要想思乡，首先就要求我能够领会到，有某个家园是我应当栖居其间的（我也确知这一点），其次要求我能够知悉自己的无家状态。而要知道自己处于无家状态，就意味着我必须置身于家园的别处。比如说，我必须置身城市，才能了解到乡村的快乐；我必须置身现在，才能知晓过去或未来。同时，对于那些居住于确立的乡村世界的人来说，城市宛如自由的家园而充满诱惑；未来又像是一个乌托邦，能够凭借线性时间的确定性（也就是说，否则将永远不能到达的未来的确定性），解决现在的种种矛盾，而为这样的确定性提供保障的，正是来自过去的那些物质虚设和想象虚设的存在。同样，这些也都可以解读成对形式与生命的界认、对于反思性和物化的界认之间的文化冲突。

因此，怀旧/恋乡就不仅仅是对我现在所处位置的拒斥。或者至少可以说，怀旧/恋乡并不一定只能是拒斥。它也可以是对于我现在所处位置的一种积极应对（这种方式使现在的位置成为我的新家，同时我将在墙上挂起能提醒我过去来自何处的图画，烹制老家习惯的饭菜，用朋友们或许觉得俗气的方式装饰我的新家），让自己重新获得在他乡继续生活下去的信心和确定性（有关怀旧/恋乡的这一面，参看 Skvorecky, 1985 的一种思考）。怀旧/恋乡并不一定与对形式的超越相抵触。恰恰相反，它很可能是一种让针对物化的不懈斗争变得更加坚定的手段。怀旧/恋乡就像未来性，为求知意志提供了一个家园，一个确定性的外壳，只是具体方式不同。无论是未来性还是怀旧/恋乡，都是针对使人类变得自足的尝试所做出的反应和思考。

在歌德的《浮士德》中，也隐含着怀旧/恋乡的这种辩证性。歌德非常清楚地表明，怀旧/恋乡并不一定意味着某种历史回顾。在对形式的超越的冒险征程中，它也可以发挥此前不曾想象的用途。在《浮士德》的开篇，这些主题或许表达得最为明显。浮士德觉得，自己的反思性事业所产生的那些确定性其实单调乏味，这样的思考使他深陷绝望。他甚至打算服药了结一切看似荒

第三章 怀旧/恋乡

诞之事。但此时传来钟声圣乐，把浮士德从自杀的沉思中唤了回来。钟声激起了他对童年往昔的怀旧／恋乡，但这样的怀旧／恋乡并没有导致他逃离现代性，而是引向对现代性的一种新的坚守。正如浮士德所言："这钟声唤回了我幼时灵魂的契约，又让我重获新生。"（Goethe，1949：第56页）对失落家园的渴念激发了一场斗争，坚定地在未来建构出新的、更好的地方（而现在也因此呈现出双重缺陷：比过去糟糕，也比未来不堪）。

怀旧／恋乡不仅仅意味着回望平静丰饶的悠远过去（虽说无论在历史上还是在当下，它往往的确意味着这一点）。怀旧／恋乡也能赋予求知意志以意义。它能够帮助那些受到克服一切形式的动机促动的人，为自己的所作所为界认某种宗旨和意义。怀旧／恋乡将鲁莽前冲的现代人（modern human lemmings）从悬崖边拉了回来。

怀旧／恋乡是蕴涵意义的，为否则将会家园荒弃的现代性构筑了家园。在那些思索限定或流动的特性／身份／认同的可能性和连带蕴涵的社会学叙事中，这也是占据主导位置的主题之一。在斐迪南·滕尼斯讨论社会体（Gesellschaft）和共同体（Gemeinschaft）的著作中，怀旧／恋乡的重要性尤其显著。事实上，如果把滕尼斯提出的观念看作是针对现代生存状况（尤其是现代都市生存状况）的种种问题和可能性而做出的回应，而不是比较精确（也因此比较干巴）的类型，可以对社会关系的基础和蕴涵进行分类，那他这些观念就会呈现出全新的面貌。换句话说，相比于后世论家让我们相信的印象，滕尼斯的意味可能要丰富得多，甚至要有趣得多。

滕尼斯毫不怀疑，共同体与社会体之间的区别分好几个层面。当然，它有描述性的一面。它确实指向社会组织的不同模式，以及制度安排的不同情境。但这种区别也可以视为本体性的（滕尼斯非常关注在这些背景中的个体生存分别意味着什么）和历史性的。换言之，滕尼斯通过这种简单的概念划分，是要尝试为一系列转型过程的整个复杂网络提供某种秩序，在他看来，所发生的这些转型过程很大程度上依然是鲜活的记忆。（依然留存在鲜活记忆中的转型这种说法很可能具有重大的文化意义；遗憾的是此处篇幅有限，不容详论。对于那些在自己有生之年体验过剧烈变迁的个人或群体，怀旧／恋乡感很可能要强烈得多。说到底，如果强调一切皆不确定，具有确定性的唯有不确定性本身，或者是确定性的不确定性，通过这样的思路，基本上不可能让生活蕴含意义。还有一个问题需要探究，那就是个人记忆与社会层面的、历史性的更广泛记忆之间的关联具有怎样的性质和蕴涵。）

滕尼斯对自己的术语界定得十分清楚。他明确表示，自己的书关注的只是"相互确认的关系"（Tönnies，1955：第37页）。也就是说，主要关注个体如何通过比较有保障的社会关系而共同生活。滕尼斯继续写道："属于这一类的每种关系都体现出多元中的统一或统一中的多元。它在于协助、救助、援助，各方之间有来有往，被视为意志及其力量的表达。"（Tönnies，1955：第37页）之所以提出共同体和社会体这两个范畴，就是要为通过意志之间的关系而产生的这种力场的不同形式归类。同样，最好还是引用滕尼斯本人的话。他说："对于这种关系本身及其所导致的结合，要么视之为真实的、有机的生活，这正是共同体（Gemeinschaft, community）的本质特征；要么视之为想象的、机械的结构，这就是社会体（Gesellschaft, society）的概念。"（Tönnies，1955：第37页）

更具体地讲，在规模较小、基本静态的乡村情境中，共同体是最显著的，而在都市环境中，社会体则是典型。"因此，共同体应当理解为一种生命有机体，而社会体则应理解为一种机械聚集体和人工虚设体。"（Tönnies，1955：第39页）或者也可以说，滕尼斯是界认了一种生活情境，并将其置于表面看来真诚的乡村世界里，从怀旧／恋乡的角度，用它作为对应，批判都市的栖居环境，后者是虚设的，并因此在某种角度上是有欠缺的，是不能令人满意的。"城市是普遍意义上的社会体的典型……思想的传播和变化极其迅速，令人震惊。言论和著作通过大众分发，成为具有深远影响的刺激。"（Tönnies，1955：第266页）

滕尼斯更进一步延伸了这一主题，明确指出，在他看来，标志着共同体境况的那些关系先在于形式化思考（也因此超出了形式的界限），而社会体的关系则是将一切思考与活动化约为理性的、契约性的交互关系的约束。这样一来，共同体的交互性和关系就是以自然意志为基础的，而社会体的交互性和关系则蕴含着计算性的理性意志（Tönnies，1955：第38页。有必要将这种观点与齐美尔对于货币体系危害的解释相比较）。显而易见，滕尼斯这里探讨的，正是现代性的各种典范陈述中所贯穿的那些神话／迷思性主题。

无论如何，滕尼斯的作品中有一点耐人寻味，尽管对于社会体所带来的诸般后果，他的脑中始终萦绕着某种恐慌，或者至少可以说是一种道德关注，但他的确不希望看到全面回归共同体。正是在这里，他的怀旧／恋乡性情[15]变得意味深长。滕尼斯的怀

---

[15] 此处原文为"temper"，古语中意为"中和""适度"。

旧/恋乡所发挥的作用,恰恰在于恢复力量,重新坚定奉行都市情境的各项要求。他希望克服社会体所带来的棘手问题,但办法并不在于克服社会体本身,而在于增添其解释和存在角度上的确定性。怀旧/恋乡就是这一份添加的信心。

当滕尼斯以怀旧/恋乡的调子展开论述时,一方面确认了田园牧歌,另一方面又分辨出传统的暴政,左右之间,备感撕裂。他似乎是想说,社会体至少让个人摆脱了难以变易的传统的约束,因此是件好事(但这些人挣脱出来后去往何方呢?)。可社会体也意味着个人丧失了与田园牧歌时代真诚、实在的关系的一切关联,因此又很糟糕。

滕尼斯坚信,共同体让人在世界上拥有了一个庇护所,能确定,有界限,又安全,且保障。之所以能实现这一点,是因为共同体状态中的诸般关系和实践将个人维系于一种非常特定的时间与空间。"共同体的生活是在与土地和家舍的持续关联中进行的。只有从其自身存在的角度才能加以说明,因为它的起源并由此包括它的现实都符合事物的自然。"(Tönnies,1955:第59页)共同体所蕴涵的自然狡计,正是现代性猛力解构的东西。田园牧歌或许是安全有保障的,但也非常狭隘地束缚着人性。滕尼斯很清楚这一点,也看到了天堂般的田园生活趋于物化的历史过程:"这个屋居从像人、动物、东西一样可以移动,变成像地球和土地一样不能移动。"他进一步指出:"人以双重方式受到束缚,一是通过业经耕种的田地[16],一是通过生活其间的屋居。也就是说,他被自己的劳作束缚住了。"(Tönnies,1955:第58页。最后几个

---

[16] "cultivated field","cultivated"也就是"被教化的""有文化的""有教养的"。

词明显让人想到马克思和僵死的劳动)。

因此,这种怀旧/恋乡具有典型的现代性和彻底的暧昧性。它是以线性时间观为前提的(共同体和社会体相互关联),也确实倾向于界认某种业已失落的时间和空间。从某种程度上说,滕尼斯确实患了思乡病。但这种病并不是想念田园牧歌时代受界限限制的家园。恰恰相反,这种思乡病渴望的只是牧歌中蕴涵的确定性,因此,这是在重新阐述对于现代都市的投入立场。滕尼斯是想要搞明白,对于命运安排生活在不受界限限制、具有内在反思性的城市情境中的那些人,如何有可能为他们提供某种确定性。

答案就在于某些形式的物化,而这种物化的模式和理据,正是由共同体以怀旧/恋乡的方式诉求并创造出来的田园牧歌给合法化的。他希望得到摆脱传统暴政的自由,这正是社会体的承诺。但在滕尼斯的思想体系中,要想克服这种自由在生存角度上的后果,只能回归共同体下的那些安全保障。如此一来,对于现代性中潜在的意义深渊的问题,解决之道就在于在一个更大的社会体中,筑造/建构共同体的安全屋居。滕尼斯并不打算寄希望于所谓自主个体这一现代创造,但他也不想看到个体在一个无意义的世界中沦为没头苍蝇。

这是一个难以厘清的纠结,但滕尼斯却的确搞定了这一点。他靠着自己那一份怀旧/恋乡性情,可以让城市中的生存重焕生机,不过要付出代价,就是允许甚至积极鼓励对形式做出某些新的物化。"就算清除了共同体下的一切控制,在社会体中也还会存在一些控制,是自由和独立的个体所必须面对的。"(Tönnies, 1955:第268页)但由于田园牧歌下的有机纽带逐渐被克服,由于其逐渐消解的历史趋势,由于静滞传统的瓦解,这些个体事实上已经成为自己命运的主人。个体被释放到都市的大马路和人行道上。

不过,滕尼斯还担忧一点:这些个体将如何能够共同生活,如何避免坠入某种解释意义甚或物理意义上的地狱。怀旧/恋乡应运而来,平息其忧惧;怀旧/恋乡给了他解决之道。因此,"在社会体中,……惯例(convention)在很大程度上取代了民俗、民德、宗教的位置。对于那些有损于共同利益的东西,民俗、民德和宗教会谴责其本身就是恶,而惯例在同等程度上也持如此立场。"(Tönnies, 1955:第268页)因此,社会体的基本问题就是针对个体潜在的流动性。而解决之道则在于将个体维系于某些限定的特性/身份/认同,后者源于怀旧/恋乡提出的承诺,并由共同体的各种形式所保障。现代性经由怀旧/恋乡而变得可以居处,但现代性本身并不一定需要拒弃。

不过,在某些思想家看来,这种转向怀旧/恋乡的思路并不是一种能够有力维续的选择。对某些人来说,现代境况如此新奇,与此前的一切如此迥异,乃至于有关历史线性的观念都很不可能成立。现代的各种问题和可能性只能借助现代资源来解决。诉诸过去只能是故作姿态。

当然,这样说就让人想到了贯穿涂尔干大部分著述的那一系列预设。略作比较,不难发现,滕尼斯笔下共同体和社会体的区分,与涂尔干笔下有机团结与机械团结这两种社会安排之间,存在一些非常重要的类似之处。然而,表面的类似却颇具欺骗性。在其背后,是奠基性预设之间的天壤之别。很简单,涂尔干的立场在于,一个社会要么属于有机团结,要么属于机械团结,不可能将一种类型与另一种类型融在一起(这当然就是涂尔干《社会分工论》的主题，参看 Durkheim, 1984)。与此同时，滕尼斯则可以比较随意地从社会关系的一种类型滑向另一种类型。对涂尔干来说，现代世界就是现代世界，因此，对于现代世界的问题的解答就必然也是现代的（有关涂尔干和滕尼斯之间的实质分歧，详参 Giddens, 1971 : 226）[17]。

滕尼斯大有理由相信，至少在原则上，通过筑造／建构共同体的小小蜗居，个人可以克服意义的深渊。但涂尔干就不是那么确信了。在涂尔干看来，个体距离极具摧毁性的无意义状态，始终只有一步之遥。而在滕尼斯所讲述的故事中，个体始终去往某处：从限定的特性／身份／认同，汇入城市的流动，再到另一种限定的特性／身份／认同。要使这一系列阶段成立，就得界认并设定某种线性历史。个体昨日之所是，亦有可能持续至明朝。但涂尔干的方法具有非常显著的非历史性，这就意味着他不可能假设，过去的境况会有可能被恢复，而未来可能是某种绝对意义的源泉。在涂尔干的著述中，基本看不到对怀旧／恋乡或是未来性的坚韧信念。

涂尔干认为，我们只在于此时此地，只有基于此时此地的存在境况，才有可能为我们的所作所为或有所不为推出某种意义。涂尔干的著作有一个核心，就是以两极化的眼光，但却是颇不具备辩证性的眼光，看待反思与物化之间的现代冲突，因此基本没有能力摆脱日后变得令人沮丧、自我挫败的那种二元对立。一方面，涂尔干的社会学谈的主要内容，就是将个体维系于社会的道

---

[17] 参看吉登斯《资本主义与现代社会理论——对马克思、涂尔干和韦伯著作的分析》，郭忠华、潘华凌译，上海译文出版社 2007 年版，第 256 页。

德事实性（facticity）的那些限定特性／身份／认同，具有怎样的坚实根基与致密结合。但另一方面，涂尔干的方法揭示了道德与社会的完全社会性的根基。因此，他在探知自己笔下确定性的真理的过程中，实际上破坏了任何确定性的可能性。比如说，只有确定我应当信守一夫一妻制婚姻之类的道德，我才能确定我是在此时此地，与彼时彼地相对。在力求确定我作为一种道德存在的限定特性／身份／认同的过程中，其实我不得不了解到，自己的特性／身份／认同并不是限定的。除了社会本身，其实并没有任何先验存在的理由，能够决定我为什么应当是这样一种道德存在。但我也知道，如果我不是这种社会的一个组成部分，可能就什么也不是。怀旧／恋乡与未来性所赋予我的，其实就是无一例外写得很糟糕的虚构作品。

在涂尔干对现代的解释中，人并没有从一个位置去往另一个位置。恰恰相反，在涂尔干眼里，个体要么处在唯一可能的位置，要么没有位置。而在这种可能的位置之外，蕴含意义的存在将难以维续。涂尔干的《自杀论》一书非常清楚地表明，在被称为社会的虚构秩序的界限内外，存在哪些极为深切的生存代价。如果个体过于受到界限的限制，如果她或他太以自我为中心，就有可能丧失与其他个体之间的接触，同时可能对一切都感到厌倦（或许就像包法利夫人）。过于受到界限限制的个体可能变成利己主义者，这样的话，"因为当他脱离了社会，社会就没有办法来制约他。"（Durkheim, 1952：第288页）[18] 就该个体而言，如果

---

[18] 中译据迪尔凯姆《自杀论——社会学研究》，冯韵文译，商务印书馆1996年版，第270页。本中译系根据法文原版译出，与本书的英文有所差异，下同。

说"他的欲望之所以不像往常那样越来越强烈，这是因为他身上的激情逐渐消失，因为他完全转向自己，外部世界不再吸引他"。(Durkheim, 1952：第 288 页。[19] 顺便说一点，不妨比照斯曼的小说《逆反》[A Rebours, Against Nature])。就像歌德笔下的浮士德，受界限限制的个体变得如此厌倦，以至于自杀似乎成了唯一有力的表现存在的方式。

但在虚构秩序之外，置身或许属于不受约束的反思性的情境，处境也好不了多少。情况当然有所改变，但对于个体来说，最终后果却很可能是换汤不换药。外部的情境就是失范。社会能够给出意义、位置和方向（因为它给出了界限），而外部就是缺乏界限、缺乏意义的虚无。反思性的个体成功毁灭了一切有可能附着某些意义和宗旨或方向的东西。涂尔干认为，之所以会出现失范，就是因为"在社会的某些特定的位置上缺乏集体力量；也就是说，缺乏为调控社会生活而确立的群体"（Durkheim, 1952：第 382 页）。只有在形式上确立起社会群体，才能构筑意义的定位，如果个体不在这类群体之内，就只好完全放任自流。但这些人是有欠缺的："但是当他在内心生活中找不到任何寄托时，由此而引起的忧伤只能使他重新自我逃避，增加他的焦虑和不满。"（Durkheim, 1952：第 288 页。[20] 于斯曼的小说《顺势》[Downstream]或许可以刻画这一点。我知道于斯曼那些书中的主人公们其实并没有真的自杀，只是书的格调普遍展现出涂尔干的观点。不妨认为，主角们选择了某种道德意义和社会意义上的自杀）。

---

[19] 中译据同上引，第 270 页。
[20] 中译据同上引，第 270 至 271 页。

从许多方面来看，滕尼斯对做一名现代人意味着什么的阐述是非常经典的，但悖谬的是，涂尔干给出了一系列的暗示，间接指向对现代个体性的某种超越。如果基于现代性本身的角度来看现代性，令人相当绝望。因此，涂尔干的著述其实只能解构一切它原本要确立的确定性，除此别无建树。涂尔干自囿于现代性中，绕开了线性历史，因此只从一系列永恒对立的角度来看待世界。在涂尔干眼中，毫不动摇地接受现代性作为自然狡计崩溃后唯一可能存在的世界，就意味着世界非此即彼、非内即外、非有即无，要么有意义，要么无意义。涂尔干笔下的个体要么属于某种性质的东西，要么就是对它的否定。而滕尼斯眼中的个体既属于某种性质的东西，又有可能属于别样性质的东西。换句话说，偶然进入滕尼斯思路的那些个体和群体就像是朝圣者（pilgrims），而涂尔干想要说的个体和群体，特别可以肯定的是涂尔干所界认的那些相对于物化的社会形式具有超越性的个体和群体，则更像是游牧民（nomads）。（有关朝圣者与游牧民之间区分的观念十分精到，我无须自创一路，直接借取了鲍曼的讲法。）

我认为，在居于主导地位的现代理解中，个体或社会群体被界认为类似于朝圣者。当然，关键在于，朝圣者属于某种类型的共同体或群体，投入一个历史运动和空间运动的过程。朝圣者从一个地方到另一个地方。不仅如此，他们的旅程蕴含意义。命定的终点为这场征途提供了宗旨，因为它要么蕴含了某个往昔时代的偶像（即被赋予了怀旧／恋乡），要么是包含着改善的承诺（即被赋予了未来性）。朝圣者去往并到达某处，而在朝圣期间，所有的特性／身份／认同都是限定的。从许多方面来看，经典的现代朝圣者就是马克思所吁求的那种革命无产阶级。无产阶级向着

74

未来展开艰难前行。而要把个体和社会群体解释成像朝圣者,就必须先设定某种线性历史时间。朝圣者之所以能够旅行,只是因为在过去、现在与未来之间,这里与那里之间,存在这样那样的直接因果关联。因此,无独有偶,滕尼斯所假定的历史也是一种朝圣的历史,因为它设定了共同体与社会体之间的某种关联。事实上,要不是有这些关联,滕尼斯就不可能对现代世界做出解释。

话说回来,正如现代特性/身份/认同包含存在主义者等力图揭示的那种悲剧性内核,朝圣者也是一种悲剧性的形象,原因有二。

首先,朝圣者面临的基本难题就在于,踏上征程的个体或群体和抵达终点的个体或群体之间,特性/身份/认同是不一样的。一种情况是终点其实被推出了力所能及的范围,眼看只有一步之遥的那一刻,它又滑走了。说到底,整个未来的关键就在于它不属于现在,而我们又始终处在现在,因此,从逻辑的角度来说,我们无法抵达未来。未来之所以成其为悲剧,就在于它是不可能到达的(实存的社会主义的经验已经给我们上了极为深刻的一课,它从未变成共产主义)。另一种情况是在到达的那一刻,朝圣者的特性/身份/认同发生了转化。朝圣者实现了自己的宗旨,并就此克服了此前试图达成某项宗旨这一限定的特性/身份/认同。比如说,革命无产阶级不再拥有自在阶级这一特性/身份/认同,而变成一种全新的东西,即自为阶级。

其次,从历史的角度上说或许更为严重的是,朝圣者当中自有其领导者与追随者。有些人被赋予了比别人更多的机会接触到这段征程的奥秘,乃至于可以宣称并维持对地位较高的资源的垄断。在绝大多数现代朝圣中，一般都有知识分子力图宣称在行进的前导占据一席之地。问题在于，领导者在这样做的时候，势必会否定被领导的人自足的自我界定（这是康德论启蒙的文章蕴涵的另一种可能性。朝圣的这一问题也是实存的社会主义所给予的另一个教训）。不仅如此，领导者或许并非看地图的高手，这一点其实可能同样意义重大。

至于涂尔干，虽然他完全囿于现代性，但却悖谬地间接指向了一种颇为不同的特性／身份／认同，只是未曾实现。他的学说依赖于内部与外部之间不可调和的二元对立，从而蕴示了这样一种境况，对朝圣者的形式的超越，将带来游牧民的反思性的兴起。涂尔干之所以能够如此强烈地表现出有可能超越现代的各种形式，恰恰是因为他看不到有任何切实的选择能够替代现在的制度安排，恰恰是因为他十分警觉彼时彼地可能潜伏的东西。涂尔干想方设法要支撑住现代的安排，这就迫使他不能开启任何新的东西，而只能是现代的反面。在涂尔干本人看来，反面无非是消灭，但对此其实可以有全然不同的解释。

当然，游牧民的整个关键就在于，作为个体或是群体，游牧民就是在旅行。整个旅程并无固定的点，没有起点，至于终点，同样也不存在。游牧民没有限定的特性／身份／认同。他们所谓的特性／身份／认同，只是从诸多角色、资源和关系之间游移不定的相互作用中冒出来的东西。不过，正如吉尔·德勒兹和费里克斯·瓜塔里所认识到的那样，游牧民的旅行没有任何固定的点，而在游牧民迁移时所处的情境中，没有任何界限，所以也没有任何定位与导向，有鉴于此，游牧民在历史的角度上说却是静滞不动的。游牧民将自身分布在一个平滑的空间，他占据着这个空间，在里面栖居，并维持这个空间。这就是他的地域原则。因此，要通过运动来界定游牧民就是错误的……恰恰相反，游牧民就是不动的人。

（Deleuze and Guattari，1986：第51页）

由于游牧民的地域就是对朝圣者的地域的超越，所以可以把这种地域想象成平滑单调、缺乏特征的，而朝圣者的地域则点缀着界碑和圣地。"正是在这个意义上，游牧民没有任何固定的点、道路或土地，即便表面看来这些他们都有。"（Deleuze and Guattari，1986：第52页）游牧式群体会把由纷繁的社会文化关系组成的风景解释成基本没有什么特征的形貌。德勒兹和瓜塔里的意思并不是说风景真的荒凉，而是说被解释为、被领会成荒凉。游牧民并不认为自身有能力界认或制造里程碑，将时空运动转化成朝圣之旅。

其实，这些游牧式群体中最引人注目的一类，或许要算是成功地解构了现代性境况的反思型知识分子。在西奥多·阿多诺的著作中，可以瞥见游牧式的生存。在阿多诺看来，现代各项制度和安排都不能被想当然接受，而需要去求知。由于他达成了这一认识，也就成功超越了过去坚信无产阶级大革命的立场。与此类似，有关线性时间的叙事也丧失了在未来的任何保障。过去完全变成了现有种种灾难的萌芽形式。因此，阿多诺所实现的其实就是让自己彻底不再觉得正在前往某处。他解构并超越了自己引领一群现代朝圣者前往更好的新世界的可能性。相反，他所能做的无非是针对现在提供一种忧郁的（melancholic）反思。他成了一个游牧民（上述所有思路转变，在阿多诺论爵士乐的名文中表现得尤为清晰。参看Adorno, 1989)。

游牧民式的境况以消费为核心。比如说,像阿多诺这样的反思型知识分子一开始就是立志生产的,要撰述世界对自己的意义。但如果这样的撰述成了一种形式(事实上,是知识分子的一种形式上的义务),那么它也就成了有待被质询的东西。换句话说,知识分子的命运就在于努力解读有关世界的撰述所面临的条件。关于生产的知识以超越的方式变成关于消费的知识。但这种转向消费的变动也适用于其他群体。哪里有可能比较自由地消费此前的生产(或者是消费由其他人实施的生产),哪里就会汇聚起其他的游牧式特性／身份／认同。这样一来,就可以在各式各样的社会文化群体中看到典型的游牧式特性／身份／认同,主要围绕着展示的仪式(比如城市中的各式群体,消费类似时尚风格的群体),或者摆脱线性时间而在解释角度上获得超越的仪式,展开实践。

对于这种转型中更具社会学意味的维度,米歇尔·马菲索里已经有所阐述。马菲索里并没有谈什么朝圣式特性／身份／认同和游牧式特性／身份／认同,但他的作品却有助于澄清这些特性／身份／认同类型究竟有着怎样的蕴涵。事实上,马菲索里明确关注的是后现代性的特征。他和涂尔干一样,都关注社会团结的基础,其实也就是关注社会本身的命运。马菲索里提出,过去那些限定的特性／身份／认同是由被称作社会的那种受界限限制的物化所给予的,并与之相维系,如今已经被新的特性／身份／认同所克服,后者属于新部落主义(neo-tribalism)和社会交往(sociality),流动不居,并且在相当程度上缺乏方向(参看Maffesoli, 1989)。马菲索里提出,所谓作为直觉可知之事物核心的理性自主个体的观念，已经被去个体化的人格面具（persona）这一新兴观念所克服，后一种人始终处在边缘，不代表任何深层真理，所谓的人格面具，只是多种角色的聚合。

在马菲索里看来，后现代的人格面具体现出对现代个体的替代。人格面具在扮演角色的时候，始终是与他人同处于世界之中一个没有固定点的剧场里，以和他们之间的审美同情或关系同情为根基。换句话说，马菲索里试图明确区分以下两个方面，一是现代性里的想象性抽象，一是后现代性下在他看来更不需要中介的直接经验。马菲索里写道："这里就存在一种区别：一是抽象的/理性的时期，一是同情的时间。前者关联着个体化或分离化的原则，后者则受去分化趋势的主导，即自我'逐渐失落'，融入某种集体主体。"他更进一步指出："这种去分化就是我所说的新部落主义。"（Maffesoli, 1988：第145页）

根据马菲索里的看法，这些新型部落民根植于日常生活的仪式和表演中。而他希望凸显的，恰恰是以面向未来为必然维系的线性时间力求消抹的这些凡俗的、日常的活动。马菲索里强调的是"构成我们街道和市场的生命的那些看似了无深意的姿势，是它们赋予了没有质的生活以结构，后者往往被视为微不足道"（Maffesoli, 1989：第6页）。现代的朝圣者属于一个摆脱任何经验感知的社会（社会无非是一种想象），而新型部落民们思考并践行着一种新的社会交往，而这种社会交往的特征，正是它的不持恒，因此也没有能力摆脱现在从而以线性时间展开运作。马菲索里写道："实际上，'当下主义'（presentism）……只是强调了这样一个主题：无论是什么被放在我们面前，让我们去看（或者去过），根本不需要寻求这背后的另一种生活，要记住，唯一的实在就是转瞬即逝的现象。"(Maffesoli, 1989：第 2 页）如此看来，马菲索里所界认的这些群体类型并不受制于运动，实际上，也不受制于任何单一的、固定的真理。它们无非就是当下之所是。相比于现代朝圣者宏大的规划和责任，他们更像是游牧民。

其实，马菲索里已经努力指明，在"有关他人的经验"中构成的、作为社会交往之根基的那些群体，体现出了对于现代朝圣者打算仿效的一切的超越。例如，他试图通过所谓"民众"（the people）范畴的理念型来做出某些阐述，以理解有关他人的经验有多大范围（从而决定社会交往的界限）。根据马菲索里的说法，这类"民众是一种未经规定的庞大实在。它的特征可以概括为无定形，非传统行动（non-action），'无逻辑'；这就和无产阶级之类形成截然对比，后者对应的是一种特性／身份／认同（马克思主义传统中的'历史主体'）"（Maffesoli, 1989：第 7 页）。他继续阐述了无产阶级的特性／身份／认同，从而更加明确了以社会交往为场所和渠道建构出来的民众所依据的全新根基："无产阶级要去实现一种行动，这种行动如果说是理性的，是因为铭刻在历史的意义之中。"（Maffesoli, 1989：第 7 页）民众则没有任何这类行动或真理有待实现（显然，在马菲索里笔下的民众范畴和鲍德里亚书里的大众范畴之间存在重要的共性）。

马菲索里的论述有助于澄清这些特性／身份／认同和群体的性质，可以把这些解释成后现代性的典型特征。显然，现代的各项制度安排支撑起了限定的特性／身份／认同，它们得到保障，并就此转化为可以长久延续的东西，因为它们维系着有关一种辉煌未来的承诺，或是有关一种安全有保障的过去的记忆。其结果，在反思型话语文化的践行者眼里（尤其是知识分子），这些

第三章 怀旧／恋乡

形式就成了物化。不仅如此，那些以反思性的方式生成的特性／身份／认同并不涉及任何努力追求，更不意味着探寻某种更为深层的实在。不存在任何东西有待找寻，也不存在任何确定的风景地图有待探觅。

  相反，超越了被视为现代性之物化的那些有关时间与历史的特性／身份／认同，则是遁入当下（借用埃利亚斯曾经的说法）。就此而言，在后现代性这种情境中，与其说是没有历史，不如说是有意拒绝接受所理解的线性时间的各项要求。这样的话，在后现代性下，怀旧／恋乡就无非是一种风格，一种多少可以质疑的审美选择。说到底，在过去的表面虚饰之下，其实根本没有什么怀旧／恋乡的对象。

第四章　技术

朝圣者从此地到彼地，而要使这段旅程有所值当，意义重大，就必须有可能抵达地图上标示的地点，至少可以就抵达的可能性赌上一把。说到底，必须承认，在自然狡计到了现代遭到解构之前，只有对"恩泽万民的殉难圣徒"的探寻，意味着朝圣者"无论英格兰各郡的东西南北，人们尤其要去的是坎特伯雷"（Chaucer, 1951：第19页）。[1] 然而，随着现代各项制度安排和想象的兴起，圣徒所带来的宗旨被更为世俗的目的取代。韦伯已经揭示了，事实上也有助于人们更加认识到，现代性意味着世界的祛魅，受宗教动机驱使的朝圣者转化为只求一点此世的天堂庇护的旅行者（当然，这就是韦伯的新教伦理命题的主旨；参看Weber, 1930）。

不过，如果按照定义，世俗的天堂基本也是要去努力获致的。朝圣的目标是未来的某种境况和定位。而处在现代安排下的个体就此被确立为必须奋力前行的民众，这样他们才能有机会生活在一个令人满意的世界上，不管这生活本身如何。因此，未来的梦想往往很容易转化为当下的噩梦。

现代的想象为对自然狡计的解构设定了目标和导引。但现代的悲剧（至少是颇为遗憾的问题）正在于，未来是不可能实现的。

---

[1] 参看范守义译文，"信徒来自全国东西南北，/ 众人结伴奔向坎特伯雷，/ 去朝谢医病救世的恩主，/ 以缅怀大恩大德的圣徒。"转引自王佐良《英国文学史》，商务印书馆1996年版，第11页。

现代的各种形式与安排滋养了让人激越不已的希望，为之提供了正当理据，并由此证明和滋养了社会层面自我界定所付出的令人惊叹的努力。但这种对结果的希望却是永远不可能实现的。现代性中的个体与制度可以基于某种宏大希望而运作，但这只不过是因为，归根结底，这样的希望基本属于徒劳无益。话说回来，这种希望是如此宏大，以至于现代各类社会文化群体其实从来不必认识到，自己的雄心抱负其实是镜花水月。说到底，希望的实现只是意味着此时此地的坚定努力。要想让一个人别自寻烦恼，保持忙碌就是最佳方式之一。现代性下的个体与群体就是忙着贯彻建构与解构的规划，因此无法注意到，不管他们多么努力，未来似乎永远不会变得更近。

究其根本，现代各类社会文化群体由于各自维系着限定并且看似真实的特性／身份／认同，因此虽然意识到，他们能够离开世俗化了的塔巴德旅店（Tabard Inn）的庇护，却永远不能面对这一事实：坎特伯雷始终在视域之外（至少在文本中，乔叟笔下的朝圣者到最后也没有到达圣地。它依然留在未来。这些人总是在去往坎特伯雷的路上。这一点耐人寻味，甚或是无法避免的。如果把坎特伯雷解读成"苏联共产主义"，那这种讨论的比喻意味或许就不那么重了）。但对自己旅程的地点指向，朝圣者们却从未表示过怀疑。他们反复不断地让自己坚定立场，要么告诉自己，再往前走一步，教堂的尖顶就会跃出地平线，要么对自己说，那令人愉快、激发怀旧／恋乡的过去，让未来变得绝对必要。如果不这样告慰自己，他们就得通过自娱自乐来回避旅程的无益性质。但不管朝圣者怎样保持士气，旅程本身变得比到达目标更为重要。

不仅如此，由于朝圣的指向在现行的安排中找不到（假如能够找到，朝圣本身就变得没什么必要了。终点已经在此时此地了），所以对未来的保障与面目的信心，就必须掌握在一个排他性的精英群体手中。无论如何，如果说对有关未来的秘密或特性／身份／认同的真理没有掌握在某个特别的精英群体手中，坚决予以捍卫，提防他人染指，如果说人人都已经确知未来究竟有些什么，那么同样也不会有任何朝圣是必须的了。理想始终是在现实之中已经有所呈现的。因此，如果没有精英群体的活动，更重要的是，如果他们没有能力确保大家广泛赞同向未来不懈前行，那么现代性早就停止了。具备专家知识或宣称掌握历史秘密的那些群体，就此有可能成为朝圣者的合法领导人。事实上，他们的领导地位会多少不可避免地趋于物化。从某种意义上讲，精英群体（比如布尔什维克、核科学家或经济学家）正逐步登上曾经支撑起上帝的尊位。

在卡夫卡的速记小品《关于法律问题》中所反映的，就是现代的这一矛盾（Kafka, 1979）。这则速记写的是有一个共同体，受一群行事诡秘、拥有源于传统的合法性的贵族支配。贵族们宣称垄断了有关法律及其义务的知识，并要确保其他所有社会群体对有关法律的真理始终一无所知。卡夫卡笔下的叙述者说道："不幸的是，我们的法律不是大家都知道的，它们是一小撮统治我们的贵族的秘密。"（Kafka, 1979：第 128 页）[2] "民众"之所以接受贵族的统治，理由是传统已经确立了贵族知悉法律的秘密，

---

[2] 中译参考《卡夫卡全集》，叶廷芳主编，河北教育出版社1996年版，第一卷，《关于法律问题》，洪天富译，第 411 页，有改动。

会公正无私地执法:"贵族凌驾于法律之上,似乎正是因为这个缘故,法律只交到了贵族的手里。"(Kafka, 1979：第 128 页)[3] 除了贵族,其他所有社会群体都各有所图,缺乏客观和超脱,无法成为中立的真理裁判。而贵族之所以不言自明的具有中立性,被民众接受,恰恰是因为他们控制着法律。

因此,在卡夫卡的故事中,法律的统治是被想当然接受的。但实际上,这种接受意味着贵族的统治被置于质疑之外。既然法律的秘密只有贵族知晓,只有他们能够宣称知悉要做什么,其实就是必须做什么。但卡夫卡却让某种怀疑悄悄潜入这种原本滴水不漏的情形。如果法律只能被贵族知悉,如果其他任何人都必然对法律规则茫然无知,那么法律其实可能根本不存在。或许唯一的秘密就在于根本没有秘密(Perhaps the only secret is the secret that there is no secret.)。换句话说,在卡夫卡所描述的安排中,核心便是有可能存在巨大的意义深渊。卡夫卡暗示道,尽管有与此相反的法律诉求和仪式诉求,但这个世界其实有可能根本不存在任何不容侵犯的深层结构。它与古代人所栖居的前现代世界不同,不敬重任何绝对的界限。在这个世界里,完全有可能不存在任何东西是永远不能被超越的。因此,如果不径直假定这个世界蕴含意义,如果没有这样的传统,那这个世界其实就可能是毫无意义的。

点出了这种令人不安的可能性,卡夫卡就大大推进了对现代性境况中权威与意义的性质的理解。他有助于我们看到,只有付出艰辛的努力,只有凭借物化,现代性中的各项制度和安排才能

---

[3] 中译参考同上引,第 411 页,有改动。

掩盖住自然狡计被解构后产生出来的深渊。卡夫卡有助于我们说明，为什么现代的朝圣者注定归于失败，并且正是在他们的成就显然唾手可得的那一刻。

卡夫卡认为，只有借助对于法律存在的形式上的信念，才能避免意义的深渊："法律存在着，而且被当作秘密托付给了贵族，这已形成为一种传统，但这仅仅是，也仅仅只能是一种因岁月而获得权威的古老传统而已。"（Kafka, 1979：第128页）[4] 换言之，通过界认出某种历史线性，将过去与未来相连接，避免了将目光投向深渊。通过不懈地重新承受只有贵族知悉的命运，避免了当下潜在的深渊。

卡夫卡写道：处境"就目前而言，晦暗沉郁，只有这样的信念才能将它照亮，即有朝一日，无论是传统，还是我们对传统的研究，都将得出……明确的结论"。他继续描述了到达终点的时刻。在那种境况下，世界将具有完美的反思性："一切将变得清清楚楚……法律最终将属于民众，而贵族将会消失。"（Kafka, 1979：第129页）[5] 也就是说，根据对未来的呼求和想象，相比于当下的模糊性和彻底物化了的关系，未来将具有超越性。但卡夫卡又准确点出了这里的棘手之处。根本上讲，在未来，虽然法律会被全体人所知悉，贵族将基本消失，但这样的未来却永远不会到来。这段通向具有完美的清晰度和反思性的未来的旅程，在解释意义和实践意义上都将面临巨大的风险，乃至于任何到达都基本不可想象。人们实在感到害怕，无法真正到达朝圣的目标。只

---

[4] 中译参考同上引，第412页，有改动。
[5] 中译参考同上引，第412页，有改动。

有未来能让当下蕴含意义，因此，实现未来就会让当下丧失意义。卡夫卡换了一种讲法指出了这一点："强加在我们头上的唯一显见而又不容置疑的法律就是贵族，难道我们真的愿意自我剥夺这唯一的法律吗？"（Kafka, 1979：第130页）[6]

从许多方面来看，卡夫卡的故事都是对现代性下的有关问题的深刻思考（尽管它当然也蕴含着具有犹太教特色的主题）。卡夫卡意识到，朝圣之所以被设定在朝圣者其实永远无法到达这一前提下，要么是因为朝圣者还不够纯洁，不足以见证奇迹（"毋宁说我们憎恨我们自己，因为我们还不配享有法律。"[Kafka, 1979：第129页][7]），要么则是由于唯一知悉秘密的领导者告诉朝圣者，他们还不够好。但朝圣者依然需要假定，或者必须被告知，到达是一种切实的可能性。唯有如此，迈向未来、摆脱过去的征程才能被赋予某种意义和宗旨。就此而言，现代的朝圣在逻辑上讲都是荒诞的，完全没有能力实现，被称作共产主义的那些迈向未来的伟大征程就尤其典型，尤其明显。

对于共产主义者来说，共产主义的整个关键就在于，它是一种理想，根本不是现实的境况。然而，尽管共产主义当中的贵族（也就是布尔什维克和列宁主义者，这一点非常值得注意）很可能不像卡夫卡故事中的贵族那样没有自我利益，但由于他们宣称，只有自己拥有关于普遍的人类未来的秘密，因此仍然有能力提供某种一元的希望和意义。虽然未来不断从手中滑走是一种不可避免的趋势，但上述这点还能够成立。中东欧的共产主义体制

---

[6] 中译参考同上引，第413页，有改动。
[7] 中译据同上引，第413页。

解体后，立即涌现出关于历史之终结的讨论，其中大部分或许可以解读为，针对有关命运的希望被毁灭后出现的问题和困境，做出的某种反思。这样看来，在后现代境况下，当下是唯一的事实；未来超出了求知的范围，而过去则完全变成贮藏各种经无害化处理的确定性或赢利机会的仓库。

现代的各项安排往往将求定意志的中介和产品予以物化。不仅如此，它们还将求知意志转化为对于隐藏意义的探寻，并将最终揭示终极真理。因此，未来作为当下活动的指向，就受制于某种趋向不确定性的双重推力。一方面，伴随着每一个崭新日子的到来，未来就又会被推迟一天。如果真的被剥夺了有关未来的承诺，需要付出沉重的代价，因此永远不能允许未来真的到来（哪怕未来的到来在逻辑上并非不可能）。另一方面，由于现代的贵族的位置越来越受到挑战（不那么虚张声势；随着知识分子的重要性和位置越来越被边缘化，因为他们被视为徒耗成本，"空谈无味"），现代的各种形式也被剥夺了原本能够据为己有的些许合法性。相反，现代性下的种种制度和安排变成了自己的传统，就像次生自然。

这样一来，有关线性时间的假设就不仅遭到旨在超越的实践和运动的破坏，而且干脆被弃之一旁。过去、现在与未来之间的那些关联，对于有关现代各种形式的宏大设计和规划来说曾经是如此重要，现在却被拆得支离破碎。现在不再是某种更为宏大的进步过程当中多少属于暂时的停歇，而成为自在的东西。悖谬的是，现代朝圣所具备的那些颇受界限限制的意义，倒是意味着相当不受界限限制的历史脉络；而后现代社会交往所具备的那些不受界限限制的意义（之所以不受界限限制，是因为超越了限定的

第四章　技术　　117

特性／身份／认同），其实却等于是受限于当下。

⁸⁴ 从许多方面来看，有关现代历史的单一叙事（这种叙事自有其自主的作者、朝圣者和尽管玄秘但却单一的意义）的这种瓦解，就是后现代游牧式境况的本质所在。游牧民并不以线性历史时间展开移动。事实上，如果从现代朝圣者和朝圣的角度来看，游牧民根本不曾移动。游牧民所占据的地域在朝圣者眼中，甚至在游牧民自己看来，都是缺乏特定界标的（也就是说，它似乎不涉及任何确定的历史阶段、文明阶段或进步阶段。在朝圣者看来，这种空无是因为混乱，而混乱被视为界限的反面；但在游牧式群体眼中，这种空无正是对于形式的超越的直接后果）。因此，它无法充当任何蕴含意义的空间运动或时间运动的基础。说到底，没有任何限定的点能够构成静止的坐标，来衡量游牧式群体已经走了多远。相反，后现代的游牧民限于某种不可逃脱的当下。他们既被剥夺了唯一的法律，又失去了线性历史的延续性所提供的有保障的意义。

游牧式群体既不以未来为宗旨，也不以某种理想未来的角度来衡量当下，而只是在此时此地展示并践行社会性和充足性（所以，比如说知识分子才不再充当道德领袖，而成为帮助解决问题的人）。但从更为深层的意义上说，那些展示基本是没有指向的。这就好像是在塔巴德旅店中偶然相遇的各色人等，乐得度过这一段美好时光，或者可以说不能想象更好的办法来消磨时间，于是把可以引他们去往坎特伯雷的门关起来，待在旅店里饮酒作乐。到最后，他们完全忘记了外面存在的那个世界，没有人具备贵族的特性，或能宣称掌握真理，让曾经的朝圣者记起这档子事儿。

至少可以说，如果游牧式境况完全被解释为一桩解释学角度上的事件，那么这就是承诺所在。但是，游牧式群体所占据的地域其实可能并非如此空无。恰恰相反，建构并支撑起虚构的事物秩序的那些现代性资源，其实为后现代性留下了一份非常重要的遗产。现代的各种想象与安排或许容易遭到相对轻松的超越，但对于现代的各项制度和物质产品而言，就不能这样认为了。即使它们兴起和最初建构时所依据的理由已经不复存在（而它们特有的法律的秘密也早已被揭示），它们依然能够长久延续。尤其可以肯定一点，超越的可能性并不适用于现代的技术。

现代技术体现出众多实用性、物质性的尝试，要确保有可能在此世筑造一座宏伟而自足的居所。当事物的秩序不再被假定为自然建构而成，就显现出巨大的鸿沟，而现代技术就会过来填补。所以说，技术就是人类与线性时间之间的关联的物质证明。它确保了历史仍然是一则讲述进步的故事。对于现代性而言，进步的轨迹就体现为以越来越强大的能力，越来越浓厚的兴趣，解构自然狡计，并以社会层面强加的一套意义取而代之。换言之，技术这东西就像是现代朝圣式事业的物质外壳和推进手段。而后现代游牧式群体所面临的悲剧就在于这样一个问题：技术的正当化理据和合法化说明早就已经被超越了，但技术却还在延续。

比如说，关于"和平核应用"与永不枯竭的廉价电力的合法化叙事，已经不可能再被视为不言自明而让人相信了，但核电站却依然存在。关于核威慑的合法化叙事在逻辑上是自相矛盾的，但核武器的发展却依然故我。安东尼·吉登斯对此曾有一个说法，虽然简单，但很有说服力："我们永远无法确知核威慑是否'起作用'，唯有看着核竞赛真的发生，而这只能表明核威慑不起

第四章 技术

作用。"(Giddens,1990：第128页)他又以类似的口吻继续谈道："有关核冬天的假设将会持续成立,除非它真的发生,那任何此类考虑就都变得无关紧要了。"(Giddens,1990：第128页)[8]

而后现代游牧式群体甚至比现代朝圣者还要深切地感到(不过对于两类群体其实是一样的效果),技术往往会表现出势不可挡的独立存在,过去这种存在地位是赋予上帝或自然的。技术灾难所带来的外力震荡,犹如飓风横扫,火山爆发。从后现代人的角度来看,技术的发展就是努力确立并捍卫现代性的虚构秩序,已经远远超出了反思性的界限。技术作为一种自在的独立系统,与后现代的人相对峙。可以说,它并不被视为社会范畴本身的某方面特征。而技术不断扩展,延伸到无法想象的未来,同时游牧式群体却依然守着没完没了的当下,这样的趋势只能使处境更加恶化。

技术从一种享有社会层面上独立性的机器装置,变成被视为独立于社会范畴的物化结果,透过这种地位的转化,可以说明它为何能够具备某些此前被赋予上帝或自然的特性。鉴于可以从现代性的角度,把自然界定为超出社会范畴界限的东西,那么,也可以从后现代性的角度,把技术领会为具有完全一致的地位。因此,技术往往会变成只能通过某些叙事惯例来理解的东西,而那些惯例过去是用来指被视为自然的活动和事件的。较具民粹色彩的技术专家和传媒人士总想让技术融为日常生活的常识,也在许多方面刻画了这样的处境。比如说,要说明电脑病毒的存在(其

---

[8] 以上两段中译系自译,可参考吉登斯《现代性的后果》,田禾译,译林出版社2000年版,第109页以下。

实也包括"电脑病毒"这种说法本身），所采取的叙事显然都取自人体癌症的情形。

癌症无一例外都被建构为这样一种疾病，如果没有一系列职业专家的帮助，单凭个人是无济于事的，甚至毫无力量（真要到发病后，这样的帮助也可能已经太迟了）。癌症自外侵入个体，当其生机鼎盛之时击垮了他。它挫败了一个完整而丰富的生命的各种希望。根据人们的解释和理解，癌症之于身体，就好像末日天启一般的晴天霹雳。癌症就是自然的一块污迹，逾越了自身本该止步的界限，不正当地影响了社会关系。

事实上，这有助于说明对于因癌致死的大部分忧惧。比起心脏病所导致的更具社会性和文化性的死亡，因癌致死要令人恐惧得多。因为某些心脏病可以享有较高的地位，证明个人的勇毅和生命的坚韧。而癌症就从来不曾有这样的效果。恰恰相反，它被解释为单纯的毁灭。癌症这个词在许多意义上都相当于废弃，而心脏病这个词同样在许多意义上蕴示着过度。这样一来，因前者致死就被建构和解释为比因后者致死更具威胁，更让人害怕（因为前者是一种自然过程，而后者是一种社会过程。当然，有关癌症的意义的深层分析，需要参考苏珊·桑塔格论疾病的隐喻的论著，见 Sontag, 1991。桑塔格也曾讨论过有关电脑病毒的叙事建构等话题）。

电脑病毒之类的技术事故在叙事上的建构方式，在一定程度上可以直接与对因癌致死的建构相比。电脑病毒神秘侵入，令系统崩溃，而系统的设计原本能够有效运转，趋向平衡。对这些病毒的命名都带有些许末日天启般的意味，要么属于来自过去的复仇，要么相当于某个世俗化的死亡天使的造访。话说回来，尽管天使可以是世俗的,但这根本算不上祛魅,小精灵们已经走出了幽深的后花园,进入了文字处理器。

从某种意义上讲,最初曾是祛魅的重要特征的技术,如今自己也逐渐入魅,这种趋势的可能性在韦伯笔下已有所展现。韦伯在《以学术为业》的演讲中指出,电车逐渐呈现为自我发动/自赋生机(self-animated)的神秘客体,很大程度上独立于司机。个人除非经过特别的训练,具备专门的技能(用卡夫卡的话来说,除非他们是贵族成员),对车子究竟如何运作基本没有什么了解。(Weber,1948:第139页)[9]

我在谈技术的时候,力图探讨的远不止是个别的机器和电脑。事实上,作为一个社会学范畴,技术已经远远超出了应用科学比较局限的意义。相反,追随罗莎琳·威廉斯的有益引导,"最好把技术理解为环境而不是客体。"(Williams,1990:第127页)按照威廉斯的说法,这样一种环境视角的技术观意味着"对技术变迁的最佳评估,就要从变迁的整体导向的角度出发,而不是看这样那样的具体设计的预想效应"(Williams,1990:第127页)。换句话说,作为个件的实际的技术装置,相比于它所揭示的社会文化整体趋势和态度,其本身其实并没有什么值得关注的,作为解释的资源也没多少价值。

威廉斯明确主张:"不能简单地认为技术就是中立的工具,无论好人、坏蛋,还是这两种稳定要素的某种混合品,都可以

---

[9] 参考《韦伯作品集 I·学术与政治》,钱永祥等译,广西师范大学出版社2004年版,第167页;或韦伯《学术与政治》,冯克利译,三联书店1998年版,第29页。

使用；既可以用作好的目的，可以有坏的用场，更可以是某种混合。"（Williams，1990：第 127 页）她的意思是说，技术这东西趋向于某种兼容并包的环境，对那些打算塑造技术本身的人来说，能够发挥某种深刻的影响："技术环境的变迁也会造成使用者的变迁。"（Williams，1990：第 127 页）

技术与其"使用者"之间的这种密切关联，在沃尔夫冈·希弗尔布施的笔下有着精彩的呈现。希弗尔布施写了两部相关著作，深入浅出地揭示了铁路和人工照明是如何整体转变了社会文化活动的可能性与界限（希弗尔布施有个罕有的诀窍，让人想坐火车长途旅行）。他还展现了人们所感受到的社会文化生活的种种需要是如何使技术发生转型（希弗尔布施绝不是一位技术决定论者。参看 Schivelbusch，1980，1988）。

希弗尔布施在《铁道之旅》一书中，描述了十九世纪早期，火车运输的技术是如何被解释和理解为一种特别的环境。他将铁路技术与它所取代的公路运输及河道运输相比较，刻画了铁路技术的独特性质。根据希弗尔布施的说法，早先的公路运输及河道运输方式涉及"路线与方式之间在技术上和经济上的区别……交通运输的路线选择和方式选择彼此独立，因为运载车船作为个体而运动在技术上是可行的，通行权的颁授是相互可调的"。（Schivelbusch，1980：第 19 页）[10] 换句话说，公路运输和河道运输在十八世纪发展起来的时候，并不是作为独立的系统，而只是必须通过有意设计的社会文化活动激活并实施的移动方式。

---

[10] 本处及以下译文系自译，可参考希弗尔布施《铁道之旅》，金毅译，上海人民出版社 2018 年版。

然而，随着铁路的发展，情形有了巨大的改变。铁路是作为一种自我规定的独立环境建造起来的，它规定了活动，而不是让活动来规定它。希弗尔布施指出："路线和车辆在技术上通过铁道合为一体，在铁轨与铁轨上行驶的车辆之间没有任何灵活调整的余地。如果一辆火车碰上了另一辆火车，也不可能'靠边让路'。"（Schivelbusch，1980：第19页）因此，根据这一分析，铁路的技术对铁路上能做的事情产生了直接而重大的影响。形式变成了自在的目的。希弗尔布施继续写道："这一点早就实现了。对于铁路的最初一切界定，无一例外地把它描述成一台机器，由铁轨和在铁轨上跑的车辆共同构成。"（Schivelbusch，1980：第19至20页）

铁路作为一种自在的环境，其发展必然意味着趋向技术可能性的物化："蒸汽机使此前的有机动力走向机械化，对此人们体验到了去自然化和去感觉化。"（Schivelbusch，1980：第23页）按照希弗尔布施的说法，铁路线往往笔直穿越风景，从而规定着周遭的物理景观，更加剧了这种去自然化的感受。同时，铁路线往往并不遵从河流山川的走向。"动力的机械化启动了与无中介的、活生生的自然之间的异化，而随着铁路的筑造径直跨越地域，仿佛以尺度量，就更加剧了这种异化。"其结果，"铁路之于传统的大道通衢，就犹如蒸汽机之于役畜。无论是铁路还是蒸汽机，机械的规律性都征服了自然的不规律性。"（Schivelbusch，1980：第25页）

罗莎琳·威廉斯在其《地下室手记》一书中，明显受到希弗尔布施作品格调的感染，甚至连细节都有几分相仿。她提出了不少大致类似的论点，探讨十九世纪的文学中如何使用地下室的意象。她提出，这些地下的世界可以解读为对于现代技术环境兴起的隐喻，其中已经摒弃了一切有机的生命和不规律性。现代的人为虚设性质，虚构的状况，在缺乏生机的虚设地下世界这类文学意象中找到了自己的对应。威廉斯写道："地下的环境无论属于真实还是想象，都提供了一种典型的人造环境，自然已经被有效驱除了。生活在地下的人类必须使用机械装置来提供食物、照明甚至空气等生活必需。"（Williams，1990：第4页）技术决定了自然，实际上，也决定了从现代性的实践中涌现出来的虚构秩序和虚构世界的生存机会。

接下来，威廉斯进一步描述了地下世界这一隐喻的意义。有一点很重要，针对人造技术环境的这些文学反思（抑或只是反映[11]？威廉斯在这里有些语焉不详），直接扣合了希弗尔布施通过谈论铁路兴起至少部分说明的那些意识上的变化。自然已经不再是一种势不可挡的实在，提醒人们意识到自己的渺小。相反，它成了一种消极被动、魅力尽失的资源。自然这东西就那么在那里，等待着被利用。正如威廉斯所言："自然所提供的只是空间。地下世界的背景淋漓尽致地体现了技术环境对自然环境的替代。它假设了一个被制造出来的世界中的人类生活。"（Williams，1990：第4页）

技术成了自在的形式。如此一来，技术就被解释为一种特别的情境，远远超出了具有相当的人性与反思意味的界限（它暴露出某种趋势，越来越被界认为与"生命"构成矛盾）。它的入魅趋向几乎与自然的祛魅程度成正比。换言之，不妨认为，在探讨现

---

[11]　原文分别是"reflections on"和"reflections of"。

代事物秩序的技术虚构的种种尝试看来，对自然狡计的解构至少在一定程度上意味着对技术狡计的建构。当然，技术内在的可预测性和机械规律性质，以及技术事故不时令人震惊和具有爆炸性的不可预测性质，也都在很大程度上推进了这个过程（偶尔作为例外出现的不可预测性，恰好证明了普遍可预测性的规律）。

这个说法或许有助于说明现代对铁路事故的病态迷恋。这种迷恋在十九世纪晚期达到了巅峰。也许可以从某种双重过程的角度来说明这一点。首先，铁路事故证明，尽管技术应当是充分有效的，但也始终留有让人怀疑的成分。其次，铁路灾难在某种意义上表明了现代虚构的脆弱性（而铁路事故往往比马车之类的其他事故更为惨烈这一事实，反倒减轻了这种脆弱性。一般来说，铁路事故会造成更多的死伤）。铁路在自己的火车机械中拥有自己的幽灵。它有自己的恶魔，不时出现，破坏现代事物秩序的顺利运转。

铁路事故大大凸显了人造铁路的自然化与物化。这里又一次有必要引述希弗尔布施。他写道："如果铁路的正常运作如今被体验为自然的、安全的过程，那么这种运作（如今已经成了次生自然）的任何突发阻隔，都会重新唤醒人们回忆起那些被遗忘的危险和潜在的惨烈伤害。"（Schivelbusch，1980：第132页）随着铁路被解读为越来越值得信赖，事故的危害也就愈发严重："时刻表越是成熟精致，技术越是富有效率，一旦发生崩溃，它的破坏力也就越具有灾难性。"说到底，"控制自然的技术的发展水平与技术事故的严重程度恰成正比。"（Schivelbusch，1980：第133页）铁路事故反映了现代的上帝变幻莫测的性质，甚至干脆就倾向于缺乏能力、不可信赖。（电力照明出现故障时造成的恐惧环境，以及在十九世纪早期的都市，当人工照明尚未成为完全想当然的事实时，对煤气灯爆炸的担忧，对于这些现象，也都可以有大致类似的分析；参看 Schivelbusch，1988。）

所有这一切分析的焦点都在于，技术的兴起与巩固造成了怎样的文化后果和历史后果。但技术的意涵远不仅限于此。技术有助于使现代世界成为其所是，并且，当技术成为其自身的合法性证明，充当其自身持续发展的理据，也就在使后现代世界成为其所是的过程中扮演了至关重要的角色。就此而言，有关技术尤其是现代技术的讨论中最为深刻、最富洞见的一例，或许要算是海德格尔的论述。

海德格尔对技术的界定，完全不同于罗莎琳·威廉斯对环境的强调，而是更加关注具体的手段。按照海德格尔的说法，"技术之所是，包含着对器具、仪器和机械的制作和利用，包含着这种被制作和被利用的东西本身，包含着技术为之效力的各种需要和目的。"（Heidegger，1978：第 288 页）[12] 在这一定义中，海德格尔力图点明，技术既是通向某一目的的手段，又是一种属人的活动。这两个方面之所以能够融合在一起，是因为技术在本质上是一种达成在世栖居这一目的的手段。议论至此，事情就变得有些复杂了。

海德格尔提出，技术就是筑居。之所以这么说，只是因为技术促成了一种筑居的方式，使得人们真正有可能在世生存。不过，海德格尔在这里做出了相当精彩的辩证转换，之所以可能在

---

[12] 中译据海德格尔《演讲与论文集》，《技术的追问》，孙周兴译，三联书店 2005 年，第 4 页。

世栖居，只是因为在世筑造。因此，根据海德格尔的看法，筑造自己的居所是人类的命运（我们不得不自己造房子；自然并没有提供现成的居所），而之所以说人类在世栖居，就是指从事筑造（我们已经建造了自己的房子，因此，我们有能力在我们从事筑造的命运的角度上生存）。

筑造与栖居这两种活动和态度彼此不可分割。海德格尔有言："任何筑造本就是一种栖居……我们栖居，并不是因为我们已经筑造了；相反地，我们筑造并且已经筑造了，是因为我们栖居，也即作为栖居者而存在。"（Heidegger，1978：第326页）[13] 因此，海德格尔完全有理由认为，"只有当我们有能力栖居，我们才有能力筑造"。但他也可以并无矛盾地说："筑造……乃是一种别具一格的让栖居（Wohnen-lassen, letting-dwell）。"（Heidegger, 1978：第337至338页）。[14]

所以，海德格尔是从非常宏大的本体论层面来看待这一切的。他的观点要旨在于，筑造与栖居的辩证关系是任何人在任何时间任何地点都会面临的问题。筑造与栖居是有关生存之意义与内容的本质真理。海德格尔以独特的概括方式断言，"但栖居乃是终有一死者所依据的存在的基本特征。"（Heidegger，1978：第338页）[15] 不仅如此，他还相信，若是没有精心的筑造和栖居，我们将彻底无家可归。他认为，应当把这种对无家可归状态的认识视作一个机会，以重新投入筑造的事业，重新投入栖居的境

---

[13]　中译据海德格尔《演讲与论文集》，《筑·居·思》，孙周兴译，三联书店2005年，第156页。
[14]　中译据同上引，第168页。
[15]　中译据同上引，第169页。

况。最重要的是,"一旦人去思考无家可归状态,它就已然不再是什么不幸了。正确地思之并且好好地牢记,这种无家可归状态乃是把终有一死者召唤入栖居之中的唯一呼声。"(Heidegger,1978:第339页)[16]

行文如此,或许太过空泛,难以消化。对无论何地的一切人等的生存奥秘作此议论,语气确定如斯,甚至只是有失谦和,都让人感到惊异。但这恰恰是给一切社会文化活动施加了某种限定的特性。不仅如此,可以说,它要么是贬损一切不容易和谐融入筑造和栖居之间辩证关系的东西,要么使这种辩证关系显得十分模糊,包罗一切,实质上变得很不确切,作为一个分析范畴,几近毫无意义。

然而,海德格尔的议论所包含的蕴意,却无疑不仅仅是一点洞见。要探究其可能潜力,首先必须抑制海德格尔企图涵盖一切的自负。我想指出的是,筑造与栖居的辩证关系的应用与实践,只切合于已经成功追寻解构自然狡计的那些情境。无论如何,只是在这类解构的余波之中,筑造的活动变得必不可少或是富有生机(为的是以人之居所取代上帝之居所)。假如事物的秩序盛行于自然,那么栖居就是一种不言自明、被想当然接受的生存境况。与之类似,在那些情境中,筑造也被视为超自然力量所实施的事情。不仅如此,通过社会活动或以社会层面自我界定的名义实施的任何筑造规划,与众多对于自然的严重冒犯都没什么两样。

无论如何,在解构的余波之中,有关栖居的话题的确成为一项急迫问题。其原因无非在于,必须确立起一些形式和物化,以

---

[16] 中译据同上引,第170页。

便有能力在一定程度上协调实施此前是被视为想当然的东西所担当的功能。在现代性的境况下，海德格尔所说的栖居之所以成了一件急迫而直接的话题，是因为栖居的意义不再被视为不言自明而被人接受。要想解答有关栖居的疑虑，筑造既是一种可能性，也是问题之所在（回到卡夫卡的故事，贵族的传统权威如大厦矗立，为存在一个蕴含意义的世界创造了可能性，但也付出了代价：牵连出反思性严重受限的问题）。海德格尔倾向于以几近人类学化的方式来探讨筑造与栖居的问题，可以说体现了一位西欧知识分子的否思努力，要将事实上可能纯属地方性的讨论话题和棘手之处给普遍化（我并不是要就此指出，筑造和栖居不属于人类普遍面临的问题。我只是想说，它们肯定属于现代特有的问题。这样说是完全有理由的）。

或许海德格尔原本可以避免做这种不适当的普遍化。说到底，他固然知道，技术是为栖居之目的进行筑造的一种手段，但他也明白，现代技术自有其独特之处。海德格尔清楚地意识到，自己周遭的现代技术具有某些特征，使之与迄今为止所有存在过的技术都有质的差别。他毫不怀疑，现代技术事实上因其现代而别具一格。

究其根本，新型技术的现代性就在于它对自然所采取的态度。按照海德格尔的说法，旧式技术有赖于此前的自然活动。而他明确提出，新型技术的特点就是更加积极主动的干预态度。现代技术是驱使自然发挥作用，而旧式技术是由自然驱使自身发挥作用。比如说，风车这一旧式技术器具的翼子"直接地听任风的吹拂。……风车并没有为贮藏能量而开发出风流的能量"。

（Heidegger，1978：第 296 页）[17] 而"在现代技术中起支配作用的解蔽乃是一种促逼（Herausfordern，challenging），此种促逼向自然提出蛮横要求，要求自然提供本身能够被开采和贮藏的能量"（Heidegger，1978：第 296 页）。[18]

换句话说，现代技术施加于自然，是要开采或贮藏某种东西（以能量为代表），而旧式技术只是使用自然所给予的东西（有必要把这一点与希弗尔布施的解释相比较，后者指出了公路运输及河道运输与铁路运输之间的一些差异）。在现代技术下，"自然中遮蔽着的能量被开发出来，被开发的东西被改变，被改变的东西被贮藏，被贮藏的东西又被分配，被分配的东西又重新被转换。"（Heidegger，1978：第 297 至 298 页）[19] 但所有这一切要想发生，只有当自然就这么在那儿，已经受制于技术（就好像火车要想移动，并因此有可能撞毁，就必须让自然已经受制于笔直的铁路线的要求）。不妨认为，现代技术通过将自然限制在界限之中，订造（orders）了它的意义和潜力。

技术为自然施加了命运，这种命运只是由技术本身的要求所决定的。还是用海德格尔的话来说，现代技术意味着"这个东西处处被订造而立即到场，而且是为了本身能为一种进一步的订造所订造而到场的"（Heidegger，1978：第 298 页）。[20] 自然被化约为技术的持存物／常备贮存（standing-reserve）。因此，它被彻底

---

[17] 中译据海德格尔《演讲与论文集》，《技术的追问》，孙周兴译，三联书店 2005 年，第 13 页。
[18] 中译据同上引，第 12 至 13 页。
[19] 中译据同上引，第 14 页。
[20] 中译据同上引，第 15 页。

第四章　技术

祛魅，曾经被赋予自然的一切内在固有性质，都遭到了彻底而坚决的解构。现代技术要求并确保世界失去其往昔的不可变易性和独立自足性："在持存意义上立身的东西，不再作为对象而与我们相对而立。"（Heidegger, 1978：第 298 页）[21]

在现代性下，自然从一种积极主动的力量被转化为一种持存物。海德格尔为了具体描绘这个颇有启发的观念，以莱茵河为例。在海德格尔看来，问题就在于河上修起了一座水电厂。河流已经不再是具有魔性和诗性的东西，不再是荷尔德林为之写诗的入魅的东西（当然，瓦格纳还为之写了歌剧）。[22] 对此，海德格尔似乎既惊且怒。他大为震惊地看到，莱茵河已经成了"休假工业已经订造出来的某个旅游团的可预订的参观对象而已"。（Heidegger, 1978：第 297 页。至少就这句话来说，颇有几分阿多诺的味道。）[23] 看起来，海德格尔其实并不知道，究竟是应当对水电厂的筑造和栖居击节叫好，视之为对于"终有一死者"的能力的证明；还是认为它引发了对其蛮横无理的彻底恐惧。但到最后，他不怎么费劲地陷入了愤怒和恐惧。

在海德格尔看来，水电厂及其堤坝使河流成为能量开发和供

---

[21] 中译据同上引，第 15 页。

[22] 可参看《荷尔德林后期诗歌》，刘皓明译，华东师范大学出版社 2009 年版，《父国咏歌暨草稿》之《莱茵河》（《文本卷》第 182 至 199 页；《评注卷下》第 519 至 566 页；或《荷尔德林诗选》，顾正祥译注，北京大学出版社 1994 年版，《哲理集》之《莱茵河》，第 85 至 95 页；《瓦格纳戏剧全集》，高中甫、张黎主编，中国文联出版公司 1999 年版，下集，《尼伯龙族的指环》之第一部《莱茵的黄金》，高中甫译，第 1 页以下。

[23] 中译据海德格尔《演讲与论文集》，《技术的追问》，孙周兴译，三联书店 2005 年，第 14 页。

应的常备贮存／持存物。它对河流的阻断还不仅仅是在物理意义上。莱茵河已经被电力生产的技术所界定。河流不再能够规定自身。它已经被现代性所攫取。"水力发电厂被建造在莱茵河上，并不像一座几百年来联系两岸的古老木桥。而毋宁说，河流进入发电厂而被隔断了。"海德格尔继续慨叹莱茵河的祛魅："它是它现在作为河流所是的东西，即水压供应者，来自发电厂的本质。"（Heidegger，1978：第297页）[24]

海德格尔的意思是说，莱茵河的内在意义和外在意涵都已经被大大化约，严格限制，因为水电厂成了河流的关键和宗旨。实际上，海德格尔完全可以再加一句：不久之后，堤坝和水库就会被领会为自然本身（就好像纵贯的铁路或电脑病毒会被视为自然）。其实，在某些人眼里（比如利用鱼的常备贮存／持存物的钓鱼客），水库可以比自然本身还要自然。技术倾向于化约并限制河流之类东西的意义，对于这种趋势，海德格尔力图做出理解，为此引入并使用了集置（Ge-stell，enframing）这一概念。

根据海德格尔的阐述，集置就是现代技术的本质。事实上，这一本质比技术本身的各种具体形式更为重要（所以说，海德格尔就此抛开了对于器具或工厂的讨论，而开始从解释学的角度来探讨技术）。根据他的界定，集置乃是"那种摆置（setting-upon）的聚集（gathering），这种摆置摆弄人，使人以订造方式把现实事物作为持存物而解蔽出来"（Heidegger，1978：第305页）。[25] 所以不得不承认，按照这种界定方式，海德格尔的集置定义或许很

---

[24] 中译据同上引，第14页。
[25] 中译据同上引，第23页。

是模糊。不过，如果花多一点时间予以解析，可能会更清楚地看到集置概念的重要性。

海德格尔在讨论集置的时候，其实是想谈一个并不复杂的观点（只是谈法或许不太成功）。集置是一种处理事物世界的途径，力求规定这些事物的意义。因此，有鉴于集置是一种必须实施的活动，实施集置的主体动因就会作为真理的规定者和揭示者，与那些就此被规定、被揭示的事物相对而立。在海德格尔看来，"人"就立于被集置的事物领域之上。通过集置，意义被施加于事物，鼓励或要求"人"执行某些特定的活动（比如说，莱茵河成了水力之源，因此河流应当由电厂来集置）。这样一来，原本就这么在那儿的事物，就被施加以或化约为持存物的地位。所以说，集置是技术的本质所在，也是对自然的东西的规定。它所要做的就是形式和物化的确立。

应当指出的是，尽管海德格尔的术语艰涩，但他所要展开的论述其实与现代性的核心神话／迷思有着非常密切的类似之处。集置的观念可以解释为对独具现代特色的关注和活动的某种反映。海德格尔似乎是间接在谈对界限的勾勒和强加的过程。集置的整个宗旨就在于，事物的秩序必须施加于自然，否则自然将有可能桀骜不驯。此后，自然的客体对象将不得不使自身与界限的各项要求相协调，其自足性遭到否定。从许多方面来看，这种状况反映的是"没有我们，定遭洪水灭世"的感觉。世界被解读为、被建构成一个充满界限的情境。事实上，按照海德格尔的说法，筑造的活动必然意味着更多的界限。

如果没有界限，栖居基本上是不可能的。海德格尔提出，"桥并非首先站到某个位置上，相反，从桥本身而来才首先产生了一个位置。"(Heidegger, 1978：第 332 页)[26] 正是筑造提供了栖居的位置，也正是筑造创造了一些界限，使我们能够知道自己所在何处，又将去往何方（正是筑造使我们能够知道我们是谁：我们就是那些穿过桥的人）。所以说，在这一点上，贯穿齐美尔有关界限和界限勾勒的阐述的那些思想关注，能够与实际的活动和物质过程关联起来。让人颇感悖谬的是，海德格尔对界限的物质基础的强调，倒要比齐美尔明确得多："我们日常所穿越的空间是由位置所设置的；其本质植根于建筑物这种物之中。"(Heidegger, 1978：第 334 页)[27]

但是，集置还有一点意涵，也直抵现代性之内核。通过集置，未来性得以开启，社会世界也受到一种命运的管制。换句话说，集置作为技术的本质，同样发挥了相当重要的作用，召唤个体和群体接受朝圣式境况的限定特性 / 身份 / 认同。通过集置，社会维度和社会层面的东西被视为一个受界限限制的世界，向着某个地方前行。当然，这里的关键在于，集置要求并促进对一条真理的解蔽（事实上是创造）：自然作为一种持存物。集置涉及某种技术的发展，这样的技术有能力生产并贯彻有关持存物的真理。如此一来，它意味着一系列必须为之的活动。事实上，集置过程的目的就在于完整给出事物的规定和界限。

集置要求并创造出朝圣式的特性 / 身份 / 认同。不出所料，海德格尔以其难以模仿的独特方式阐述了这一点。他写道："技

---

[26] 中译据海德格尔《演讲与论文集》，《筑·居·思》，孙周兴译，三联书店 2005 年，第 162 页。

[27] 中译据同上引，第 165 页。

第四章 技术

术之本质居于集置中。集置的支配作用归于命运。"（Heidegger, 1978：第307页）[28] 海德格尔认为，命运就是历史的本质所在。[29] 必须通过精心的活动，来贯彻对真理（有赖于集置的真理）的解蔽（Heidegger, 1978：第305至306页）。命运就是从此时此地到彼时彼地的朝圣。命运就是对未来性的蕴示。它意味着对一条"解蔽的道路"的界认和旅行。（Heidegger, 1978：第307页）[30]

无论如何，在一条具有朝圣式境况典型特征的道路上，设定的解蔽目标规定了必须去走的道路。换言之，通向未来性的道路并不是一场迎向未知的征程。恰恰相反，这是一路事先规定好的旅程。在海德格尔看来，这也属于与技术相维系的重大难题。它规定了未来，不让社会文化活动有可能自己来规定未来。换句话说，明确宣示反思性的筑造活动已经变成了更具物化色彩的栖居境况。海德格尔写道："人往往走向（即在途中）一种可能性的边缘，即：一味的去追逐、推动那种在订造中被解蔽的东西，并且从那里采取一切尺度。"（Heidegger, 1978：第307页）[31]

被集置的未来规定了技术的当下。以保护社会文化自足性为意涵和宗旨的那些形式趋于物化，并就此在根本上规定了反思性。当然，任何事先被规定的反思性其实都根本算不上什么反思

---

[28] 中译据海德格尔《演讲与论文集》，《技术的追问》，孙周兴译，三联书店2005年，第25页。

[29] 这里需要注意德语中的"命运"（Geschick）和"历史"（Geschichte）的字面与意义联系。据海德格尔《演讲与论文集》，三联书店2005年，第25页，孙周兴中译注。

[30] 中译据海德格尔《演讲与论文集》，《技术的追问》，孙周兴译，三联书店2005年，第25页。

[31] 中译据同上引，第25页。

性了。海德格尔看到了这一难题,对此慨叹不已。未来性,以及命运之路的朝圣式境况,意味着任何从设定目标的角度来看不可接受的活动或道路都必须予以否弃。海德格尔指出:"由此就锁闭了另一种可能性,即:人更早地、更多地并且总是更原初地参与到无蔽状态之本质及其无蔽状态那里。"(Heidegger, 1978:第307页)[32] 在这里,海德格尔先是设定了线性时间,从而可以猜想有可能存在另一种未来,其实基本就是对理想化的"黑森林山"的反应。但他似乎远远谈不上以乐观主义的态度,将另一种未来视为现实主义的选择。技术意味着有太多的东西已经被规定、被物化。

尽管海德格尔对技术的反思颇具思想冲击,但他并没有陷入彻底的绝望。从许多方面来看,从否则几乎是彻底的悲观主义的口中夺回希望的能力,就是海德格尔思想中内在固有的现代性的最好体现。海德格尔对于线性时间观的赞同立场,其实也就是他的思想与现代性核心神话/迷思的相近之处,意味着他始终能够宣称某种理据来克服物化(或者用海德格尔自己的术语来说,是克服集置)。如此一来,他就有能力蕴示对现代技术本身的实质的超越。

就此而言,海德格尔的思想的核心特征就在于他主张,蕴含危险、构成问题的并不是技术本身。相反,海德格尔提出,所有的难题都可以归为技术之作为集置的本质。换言之,问题并不在于器具,而首先在于使用器具的明确需求和能力。集置之所以成为一个问题,正是因为它规定了未来的意义。因此,对于社会文

---

[32] 中译据同上引,第25页。

化关系的命运，集置非法地强加了一种单一的规定。不过，根据海德格尔的说法，迈向任何单一真理的朝圣都是在回避真理本身。不管怎么说，"集置伪装着真理的闪现和运作。遣送到订造中去的命运因而就是极端的危险。这个危险的东西并不是技术……技术之本质作为解蔽之命运乃是危险。"（Heidegger, 1978：第309页）[33]

集置之所以成为如此深切的一种危险，是因为它最终将导致人性被遗忘（并因此导致人之何以为人的内涵的物化）。透过技术的本质，一切都被纯粹解释为资源的持存物，需要被开发，也将会被开发。其他任何属性或特性都完全无关紧要。在海德格尔看来，这种事态实在可怕。随着持存物的观念地位越来越稳固，人之何以为人的内涵的意义也趋于消减（显然，这里让人想起关于这一立场的"启蒙辩证法"命题，参看Adorno and Horkheimer, 1972）。根据海德格尔的看法，一旦"人在失去对象的东西的范围内只还是持存物的订造者，那么人就走到了悬崖的最边缘"。置身这一悬崖，"也即走到了那个地方，在那里人本身只还被看作持存物。"（Heidegger, 1978：第308页）[34] 这里的悲剧就在于，危险并未得到广泛的认识，因为人们傲慢自负，认为自己是此世的主人。海德格尔认为，这样傲慢自负地宣称拥有支配地位，恰恰证明了人已经多么深重地陷入了难以逃脱的彻底物化的深渊。

不过，海德格尔如此评论技术本质中蕴含的巨大危险，其实也就是在超越它。对集置的意涵的探讨本身就意味着，在一定程

---

[33] 中译据同上引，第28页。本书作者引语省略部分为"并没有什么技术魔力，相反地，却有技术之本质的神秘。"

[34] 中译据同上引，第26至27页。

度上不妨认为，集置是有可能缺失或瓦解的（因此，作为命运的未来性也是有可能缺失或瓦解的）。但是，如果那种超越本身没有成为新的集置的基础，就无法言说其本质。

现代的界限之外的东西是如此含混不明，但归根结底，这种含混不明正是摆脱现代性的种种物化和化约的唯一希望所在。这就是海德格尔力求把握的机会。但他的把握方式却反而有助于增强那些对领导权的诉求，那正是知识分子（及其反思性话语文化）或许希望提出的。海德格尔的观点似乎在于，既然现代的集置如此强调实用的、物质的活动，那么对集置的超越就将在同等程度上强调思想，至少应当如此。

海德格尔认为，居于集置的核心的暧昧之处就在于这样一个难题：技术要求人的存在还得延续下去（因为人是集置的代理者，因此一开始至少在某种程度上不受被集置的东西的界限所束缚）。它"让人在其中持续，使人成为被使用者，被用于真理之本质的守护——这一点迄今为止尚未得经验，但也许将来可得更多的经验。"（Heidegger, 1978：第314页）[35] 稍后他又指出，尽管永远不能干净利落地消灭彻底集置的危险，但对这种危险有所知晓，还是可以在一定程度上克服它："人类的行为决不能直接应付此种危险。……不过，人类的沉思能够去思考：一切救渡都必然像受危害的东西那样，具有更高的、但同时也是相近的本质。"（Heidegger, 1978：第315页）[36] 面对技术装置的种种令人称奇和

---

[35] 中译据同上引，第34页。
[36] 中译据同上引，第34至35页。这句话的英译更加不容易引起歧义的表达是"一切救渡的本质都比受危害的东西更高，但同时也相近"。另外本书作者引语省略部分为"人类的所作所为决不能单独地祛除此种危险"。

第四章　技术

让人厌憎之处，如果我们拒绝盲从，而是尝试揭启技术在解释学角度和物质角度上的本质，那这一切就都是有可能实现的。这样一项对技术进行思考的事业将会导致克服集置，并很可能使莱茵河之类的实体复魅。

因此，即使要表明海德格尔思想大有用益，也根本没有必要完全赞同他所做出的结论。事实上，也不必对技术抱持厌憎的态度，而后者正是现代知识分子的典型特征。海德格尔对技术大感忧虑，并深表愤怒，所以坚持不懈地从严肃的哲学角度加以抨击。但是，如果把海德格尔的著述纯粹解读为哲学，那么它就丧失了其作为神话的许多深远影响。可以肯定，它就此不再能够蕴示超越物化界限和朝圣式境况的一种新的境况。

究其根本，海德格尔试图让自我规定的人性重新有机会摆脱与技术相维系的被强加的命运。如此一来，在集置和命运的反面（因此也是在朝圣式活动的反面），有的只是否定。海德格尔能够蕴示一种摆脱了集置之界限的境况，但他却基本没有能力详细阐述这样的境况。他所能说的就只是，这样的境况中，会有一些涉及对技术本质的审美挑战。在解构并克服与集置相维系的深重危险的过程中，艺术将发挥其重要作用，因为它"一方面与技术之本质有亲缘关系，另一方面却又与技术之本质有根本的不同"（Heidegger, 1978：第317页）。[37] 不过，这句话究竟意味着什么，却不是那么容易看出来的。

因此，不妨认为，海德格尔的思想的确蕴示了游牧式境况的兴起。这是因为，海德格尔在骨子里非常关注，如何面对并挑战

---

[37] 中译据同上引，第36页。

朝圣式境况下的限定特性／身份／认同，后者是可以视为与集置的技术携手并进的（当然，我清楚地认识到，在这里，我是用自己的术语来解读海德格尔的关注）。海德格尔通过从解释学的角度抨击技术的本质，实现了这一点，从许多方面来看，这种抨击都堪称十分出色。

不过，这样的抨击即使完全说透、充分贯彻，也只是在一定意义上取得了成功。诚然，海德格尔有能力点出克服技术本质的可能性。但技术本身依然在相当程度上未受触动。海德格尔或许非常成功地清除了知识上和解释学上对技术的合法化论证，但对筑造和机器的实际物质呈现，他其实一事无成。如此一来，他不是把作为一种物质活动的技术置于反思性范围之内，倒反而使其超出了任何有意义的解构。在海德格尔的思想中，技术依然快活地延续着自己的路线，虽说使其具有意义的能力，事实上是使其具有意义的欲望，早就已经消退了。其结果，就此而言，后现代地域上散布着虚构的居所，只能被解释为囚笼而不是家园。正是由于海德格尔深切希望让人在现代世界上拥有家园，却反而成功地使人（使我们）更加明确地无家可归。

所以，在后现代境况面前，技术就像是一种几近绝对物化的形式。它被领会为基本不受任何外在干预的渗透。既然像海德格尔这样的反思型知识分子已经实现了对技术的关键与宗旨的解构，也就成功地使得从外部对技术说什么或做什么其实都已经不可能了。技术已经成为自我合法化的叙事。甚至可以说，从后现代性的角度来看，技术之所以能够持续，就是因为技术在持续。技术成了一种自我指涉的循环话语，无论外部争论如何，延续故我（即使断了资助，科学家们仍然可以换到有更丰富资助的地方继续工作）。技术其实已经被物化了。

悖谬的是，在相当程度上，技术的形式之所以物化，恰恰是因为对技术原本旨在筑造和保障的未来性的反思性解构。换句话说，施展求知意志后得出的结论，无非是归根结底，没有能力知晓有关技术的任何事情。一方面，求知意志导致了对于那些据说处在技术理性的界限之外的东西的属性和特征，寄予解构性的希望（因此，已经被集置的东西就基本上未被触动，只是有了不同的解释方式。而未被集置的东西也因此倾向于精神性、神秘性的建构）。另一方面，技术法则的秘密经过解蔽，成为空无。因此，有关进步之类的叙事就丧失了许多有效性。但是，技术依然在延续。诚然，技术的本质如今已经为人知晓，但这种知晓要能延续，就要求技术也能延续。海德格尔其实需要莱茵河上有那么一座水电厂（如果没有这座工厂，他就会找别的什么东西来慨叹一番）。

因此，技术作为现代性的重大产物，充当着彼此彻底矛盾的诸多关系和解释的地点和场合。这些矛盾构筑了后现代境况下技术的核心地位。它说明了那些否则会成为游牧式的群体为什么其实倾向于频频树立一些物质界碑。问题在于，这些界碑似乎成了面向未来的居所，可是，通向其安全的确定性的道路却无处寻觅。对于那些当下处在外部的人来说，不再有任何道路可以进入技术的世界。对于他们，技术不再是安全的可能保障，而是宛如硕大磐石，散发着不可见的冰冷光芒。

事实上，希弗尔布施的作品之所以激发思维，很大程度上就是因为他揭示了那些常常被视为想当然接受的东西深层的虚构性。比如说，希弗尔布施指出，在十九世纪，由于集中供应煤气的要求,都市的形式在相当程度上被物化了。这样的思路就激发了对都市环境的全新解释。希弗尔布施提出,集中供气就像铁路一样,意味着事先对该做什么作出规定和限制:"一旦一座房子与集中供气网络相联结,它的自主性就不复存在了……每一座房子都不再自足地生产自身所需的光与热,而是与某一个工业能源生产者不可分割。"(Schivelbusch,1988:第28页)就这样,希弗尔布施出色地解构了煤气管道几近自然、显而易见的性质,克服了这种技术的本质。但这种技术依然存在。煤气管道的物质技术本身并未受到触动。

所以,从后现代的角度来看,技术激发了三种态度的其中一种(有时候可能是某种组合)。其一,它是一种彻底的物化,脱离了社会文化干预。其二,它实在令人厌憎,无法容忍其延续。其三,技术完全不可言说,它依然延续,只是全无宗旨,没有任何话语上的合法性(也就是说,它在一定程度上具备了鲍德里亚所说的"内爆性"[implosive],参看 Baudrillard,1983)。在现代人类居所的虚构中扮演了如此关键角色的技术,已经成了次生的自然狡计。它已经变成自在的某种物化,并因此大大阻碍了社会文化方面的自我规定,而它原本是要保护并增进这类自我规定的。换句话说,技术本身已经变成被视为急须超越或解构的东西。

第五章　责任

考察社会文化角度对技术及其建构的态度的演变，即使只是走马观花，也能看出非常深重的张力。其实，在相当程度上，不妨把这种张力看作是物化与反思之间的辩证关系的另一维度，这种理解并不困难，也很得当。当然，我一直认为，对这种辩证关系的感知和界认是欧洲现代性的核心神话／迷思之一，因此也是对后现代境况的蕴示的基本地带。

一方面，人们接受了技术，甚至是击节叫好。这是因为，技术被视同为物质上的资源和保障，支撑起不断趋向更好的现代事物秩序生产和虚构。在这个自然狡计被解构后兴起的世界上，技术提供了确定性和安全感。然而，另一方面，技术又被视同为非常可怕的东西，实际如此或是有这样的潜力。相比于前者，持后一种立场的人并不在少数，甚至更多。根据后一种视角，技术完全有可能构成了社会层面自足性的资源。但也有反对意见，认为这些资源往往自己接管了社会生活的诸般意义和可能性。必须指出的是，这些态度或解释中无论是哪一种，对技术的影响和意涵的呈现都不能说完全真实或得当。很简单，它们都只是尝试应对现代性所带来的种种问题和可能性。每一种解释本身的有效性都差不多。

换句话说，似乎完全可以在现代性的境况和安排中，分辨出某些东西借助一种"技术的辩证法"，逐渐兴起和展开。有关技术的各种解释并肩发展，相互借取内容，互通宗旨，并且，重要的是，还有被领会的一种反事实境况，似乎证明了所选择态度的正确性。反事实的真理内容径直被定位为与被解释成通行事实之虚假性的东西相对立。比如说，可以根据技术对生活的自我规定维度所产生的可怕后果来抨击技术。与此同时，任何自我规定的努力也都可以被否弃，理由是与持存物的建构不相契合，而这些持存物只是沉默地等待着发挥规定作用的技术资源来激活。每种解释都通过一种简单的策略来确立理据，补充能量，那就是转变一切据说是以其他解释的名义、符合其他解释利益的东西。

实际上，如果没有认识到技术的各种解释之间存在辩证的交织关系，任何有关其社会文化历史的阐述都只能讲出一个歧异多义的故事的某个侧面。或者至少可以说，就像是从某种后现代角度来考察现代性的安排所能看到的情境。话说回来，在现代形式本身当中，基本属于单维的那些观点其实往往被赋予了某种能力，在一定程度上说出了有关技术在社会维度和社会层面上所具有的意涵需要说的一切。我所说的技术辩证法（当然，这是一种解释的辩证法，而不是实际物质活动本身的辩证法），或许只能够从后现代空间所占据的角度来建构。

在十九世纪出现的有关工业及通常所谓"制造业"的不同阐述中，栩栩如生地展现出这样的辩证关系。对工业的敬慕之情与对它的厌憎之心、谴责之辞携手并行。所谓"工业"，我指的就是生产制造业。所以，换句话说，工业和工业主义可以恰切地理解为对于与技术相维系的资源的社会组织和应用。

工业是贯穿各种领会技术的意涵和后果的尝试的焦点。这一点或许并不令人惊奇。说到底，工业的意涵就在于创造属于自足的自我规定和生产的那些物质产品和器具，基本好像现代性的意涵主要在于建构主要是解释性、制度性的物品和器具。工业就是从实践的角度反映现代社会关系的一种能力：为自身制造世界，将消极被动的持存物，即"在那儿"的事物，转化为完全属于社会性和文化性的宗旨。从许多方面来看，它都是现代解释学的一种实践展示。无论是现代工业，还是现代解释学，强调的都是与消费相对立的生产。

工业与制造都常常在很重要的意义上被解释为一些实践手段，世上万物借助它们，就有可能并且事实上也就是从社会角度被规定，而不是任其自我规定。安德鲁·尤尔在1835年的《制造的哲学》一书中指出："制造的目的就在于通过机械力量或化学力量，分别作用，协同合成，或是前后承继，以改变自然客体的结构、形式或组合。"（Ure，1968：第270页）

稍早前，圣西门在1823年至1826年完成的《工业家问答》（Catéchisme des Industriels）中，把工业家，即明确宣示的工业代理人，规定为"致力于生产的人，或者说是将满足其需要或生理品味的一种或多种物质手段置于社会不同成员控制范围内的人"（Saint-Simon，1976：第182页）。因此，在圣西门看来，工业提供了机会，能够有效并且可复制地摆脱人类学意义上的需要的物化。它还承诺可以摆脱文化上建构的品味同样具有规定性的强制力。[1]

从圣西门探讨其所说的工业家阶级的方式中也可以看出，它同时包括了工人和业主（换一套术语，也就是无产阶级和资产阶

---

[1] 圣西门笔下的工业、工业家在既有中译中大多译作"实业"和"实业家"。可参考《圣西门选集》第二卷《实业家问答》，王燕生、董果良等译，商务印书馆1982年版。

级）。在圣西门眼中，事实就是，个人要么卷入工业生产，要么与工业生产无关。所有卷入工业生产的人都可以通过大致相同的方式来理解。至于它们与工业之间关系的不同，则毫不关注。事实上，圣西门笔下的工业家看起来和手工匠人没什么分别："车匠、铁匠、锁匠、木匠都是工业家；制鞋的、制帽的、制衬里的、制成衣的、制呢子的也都是工业家；跑生意的、跑运输的、跑商船的还都是工业家。"（Saint-Simon, 1976：第182页）必须说，鉴于工业家的内涵实在是五花八门，人们不禁好奇，圣西门所界认的阶级是否真有多少意义。

尤尔之类倡导现代性的论家，可以把工业和制造看作是世上所需一切的源泉。即使是像圣西门这样自觉的激进知识分子，也会毫不犹豫地支持这种立场。比如说，尤尔衷心欢悦地谈论"物理机械科学给予社会的赐福，以及它为人类命运的改善所储存的手段"（Ure, 1968：第273页）。显然，尤尔非常确信，"物理机械科学"就是不断趋于改善的线性时间的发动机。

根据尤尔的说明，工业之所以能够帮助人类，是因为它代表着建构某些手段，让众生男女可以摆脱艰苦劳作和单调苦役的物化。尤尔毫不掩饰自己对历史的纯真自信，认为"制造业上的科学改善目标坚定，效果持久，堪称慈善"。尤尔继续详细阐述了技术改善的慈善意味："它们往往使劳工摆脱了那些使其头昏眼花的琐碎调节，或是摆脱了使其状态扭曲甚至耗竭的痛苦的单调操作。"（Ure, 1968：第274页）所以，这里看到的是来自狂热追捧工业的时代的一种论调。尤尔写下此言之时，工业和技术已经大有成就；它们已经大大促进了西欧的物质状况满足解构自然狡计的各项要求，至少在原则上如此。尤尔其实是想说，看不到有什么现实的理由，不能认为工业可以持续提供庇护，让社会层面自我规定，并就此越来越明确地摆脱消极被动的自然材料。

对于工业，圣西门也有类似的讲法（有鉴于此，可以把工业理解为更宽泛意义上的技术的具体分支和应用。讨论已经从海德格尔所表达的那种整体哲学关怀转向更具明确社会学意味的领域）。究其根本，圣西门的观点和激进立场乃是基于以下预设：工业代表着最有效、最理性的生产形式。所以他确信，应当在社会维度和社会层面上赋予工业家更高的权力。不仅如此，工业所要求的相互依赖（马菲索里在多年以后称之为"对他人的体验"），在圣西门眼里就成了对人类命运的蕴示。如此一来，与工业相维系的种种关系与制度无非就是对人类普遍未来的表达。换句话说，圣西门是要提出，工业就像是线性时间的发动机。它把人类拖出不那么好的过去，推入更加美好的未来。不管怎么说，"人类注定会逐渐启蒙，通过商贸改进自身，获得工作和生产的品味，从而将共同利益作为其组织的基础。"（Saint-Simon，1976：第 202 页）

在圣西门看来，社会层面不断趋于自我生产的这种历史命运也面临一个问题：如今看来守旧过时的封建制度和安排依然顽固存在。圣西门宣扬着某种带有革命意味的启示，主张涤荡一切传统，也即次生自然化趋势的所有具体事例，让新生的工业社会能够自我规定。而旧体系趋于瓦解、新体系逐渐确立的时期，就会是一段危机时期。1821 年，圣西门写道："过去三十年间整个政体深陷的危机的根源就在于社会体系的彻底变化。"他继续指出："危机本质上就是从封建僧权体系转向工业科学体系。它必将持续到新的体系彻底顺利运转。"（Saint-Simon，1976：第 153 页）这一段从孔德那里借鉴了许多。

根据圣西门的分析,等到工业家们掌握了权力和领导权,其方式大致类似于贵族和僧侣把持了旧的秩序,新的体系就将占据支配地位。工业家已经做好了准备,有意愿并有能力承担领导文明进程的重任。说到底,"在工业科学体系里自己组织起来的大众,在很大程度上相对其敌手享有一切实际优势。"(Saint-Simon, 1976:第 180 页)他们人数更多,更为强壮,更加富有,更具理性,更讲道德,并且聪明得多。考虑到工业家相对于居处在物化安排下的人们享有这么多的重大优势,圣西门认为有悖于"自然事理,这种虚弱的、寄生性的残余(属于'人口的其他阶级')不应当再保留社会的领导地位,因为这个社会已经与它们没有任何共同点了"(Saint-Simon, 1976:第 180 页)。

因此,在圣西门的著述中,很容易发现,他以某种单维的视角,来看待工业及其对于社会文化安排所产生的效应。对圣西门来说显而易见的是,工业就是线性文明进程的载体。因此,他认为,工业家阶级能够合法地宣称占据这一进程的驾驶位。至于工业和技术可能带来的不良后果,圣西门几乎未置一词。他所认同的叙事把文明说得好像是朝圣,这就意味着,不管短期内有任何不良效应(不过可能根本不会有),长远来看也将有更多的补偿。在圣西门眼里,工业确实是一件大好事,唯一和它有干系的问题也根本不是它的错。相反,被视为与工业并行发展的危机之所以出现,绝对应该归咎于那些老旧过时、被想当然接受的行业方式。

至于尤尔,或许在写作的时候已经对工业的负面后果有更多的体验,就不像圣西门那样自信满满。尤尔或许对历史缺乏了解，但他至少有准备间接指出，工业很可能会产生某些未曾预见也不合所欲的副作用。然而，关键在于，尤尔依然信守某种单维的技术观。如此一来，他的那些疑虑就会比较轻易地被消解掉。尤尔固然认识到技术取代人类劳动者的趋势，事实上，在某种独立的制造过程面前，工人也逐渐被化约为单纯的看守。这种认识原本可以变成讲述可怕的物化和去人性化的寓言，但在尤尔笔下，却成了讲述自由的故事。对尤尔来说，这个故事的道德寓意似乎在于，单纯看守的工人因此可以自由地去做其他事情，而实际从事制造的工人却被束缚在单一的地点和活动中。尤尔觉得，工业的发展其实意味着，工人从亚当·斯密在其著名的制针故事中描述的那种前机械式分工的暴政中获得了解放。

尤尔认为，亚当·斯密关于前工业时代的劳动分工的阐述描述了实际的生产过程。根据这种阐述，一个工人拉针丝，一个工人磨针头，还有一个工人削针尖。每名工人都有单独的任务，并且一再重复。根据尤尔的说法，这样一种生产让人付出了可怕的代价。它几乎扼杀了工人的自主性。"对于一名工人来说，一成不变的操作要求具备坚持不懈的敏捷和勤奋，双眼双手要时刻保持紧张，否则就会暂时偏离自己的任务，导致可观的损失。"（Ure，1968：第281页）

机器的出现改变了所有这一切。按照尤尔的说法，它们使工人获得了自由。无论如何，拜技术之所赐，"操作者只需要将其官能组成协调的动作，他很少感受到焦虑或疲乏，可以找到许多空闲时间进行娱乐或思考，而无损于其主人或自己的利益。"（Ure，1968：第281页）因此，尤尔的观点很可能引来一些惊奇（但这些惊奇是否只是因为我们先读了马克思，而尤尔的写作在

第五章 责任　　　　　　　　　　　　　　　　　151

马克思之前?),但他有能力举出一些轶事作为证据,来支持自己的主张。尤尔指出:"兰开夏郡的工厂机械……相比于伦敦的手工匠人,活力何其强健,才智何其高超。"(Ure,1968:第282页)机械化的兰开夏郡工人比起与他们相对应的伦敦工匠来,要健康结实得多,因为"一类人熟悉几乎每一种物理机械组合,而另一类人则很少知道自己日常任务那丁点儿事之外的任何东西"(Ure,1968:第282页)。

尤尔的作品间接点出了有关技术的社会文化意涵的辩证解释,但这种意旨从未充分实现。尤尔认为,将生产转移出工人这方面能够积极介入的领域,意味着工人就此可以自由地做自己想做的任何事情。在尤尔看来,身体或许一直站在机器旁边,眼睛或许始终盯着机器,但思维却可以在自身创造的世界里自由遨游。尤尔信奉进步与文明的线性历史,而工业作为这种历史的物质条件和保障,就意味着他压根就不需要重视这样一种可能性:生理上消极被动的工人事实上成了某种持存物(工人只需要在机器崩溃的时候才实际进行工作;而当机器在工作的时候,工人只是在等待工作)。

当然,在马克思的作品中,还可以找到对技术,尤其是对工业(也就是从社会的角度加以组织以利制造的技术)的更加全面的两维解释。马克思对自己生活其间的现代性有极其出色的理解,也因此在任何理解现代的尝试中都占据整体上的核心地位,且不论这些,由于他的著述中的那种暧昧立场,他在这一点上相当耐人寻味。一方面,马克思对现代工业能够实现的成就深感震撼,为之击节叫好。但另一方面,他又对日趋物化的制造对人类反思性所施加的种种要求大为愤怒。换句话说,马克思非常清晰地表现了技术的辩证性。

根据马克思的看法,在资本主义对工业的组织和巩固之下,资产阶级成功地让此前社会文化活动的一切成就都黯然失色。在《共产党宣言》的一段脍炙人口的话里,马克思与恩格斯(虽说更可能是马克思一人之所为,这段话全面展现了马克思最典型的特征)阐述了资产阶级的成就和资本主义生产的成就:"它创造了同埃及金字塔、罗马水道、哥德式教堂根本不同的艺术奇迹;它举行了同民族大迁移和十字军东征完全异趣的远征。"(Marx and Engels, 1967:第83页)[2] 一页多以后,对于现代资产阶级的成就,以及它所能控制和呼唤的资源,马克思和恩格斯又一次大加赞赏:"资产阶级争得自己的阶级统治地位还不到一百年,它所造成的生产力却比过去世世代代总共造成的生产力还要大,还要多。"然后他们问了一个任何回答都显得十分肤浅的问题:"试问在过去哪一个世纪能够料想到竟有这样大的生产力潜伏在社会劳动里面呢?"(Marx and Engels, 1967:第85页)[3]

至此,马克思和恩格斯还很像是圣西门,只是笔调更为精致。至此,这里没有任何东西不能非常顺利地配合为技术大唱赞歌。然而可以肯定的是,马克思(和恩格斯)从未忽略这些奇迹在社会文化方面带来的影响。马克思当然明白,如果所有这一切都实现,那么势必有什么地方的什么东西要承受代价。而承受代价的当然就是实现成就的人本身的人性,就是无产阶级的人性。

---

[2] 此处中译据《马克思恩格斯全集》第四卷,第469页。如果根据作者此处引用的英译,译文应该为"它所创造的奇观远远胜过埃及金字塔、罗马水道、哥德式教堂;它所展开的远征让此前所有的民族大迁移和十字军东征黯然失色"。

[3] 中译据同上引,第471页。

第五章 责任

对马克思来说，只有工业和制造的各项资源与技术的地位不断提升，高于工人，乃至于人自身的一切创造性都遭到彻底否定，才能让金字塔也黯然失色。不同于尤尔，马克思与恩格斯认识到，兰开夏郡的工人，这里其实可以说包括资本主义世界其他任何地方的工人，都没有能够在自己的思想世界里自由遨游。机器如此嘈杂，不可能进行思考。相反，工人彻底地、无法挽回地处于消极被动，哪里都找不到半点儿人性。

在《资本论》第一卷的第四篇，马克思贯穿始终地阐述了制造的技术手段的负面影响。尤尔认为，如果机器完成了所有工作，那么工人就可以自由地去做其他事情。而对于同样的情境，马克思的解释却截然不同。在他看来，如果机器完成了所有工作，那么工人就只能自由地去挨饿："劳动资料一作为机器出现，立刻就成了工人本身的竞争者。"事实上，"通过机器进行的资本的自行增殖，同生存条件被机器破坏的工人的人数成正比。"（Marx，1938：第430至431页）[4] 因此，圣西门和尤尔的共同立论基础在于，他们都主张，不管是哪一种工业，都意味着人类从人类学需要的物化中获得了解放。而马克思则反过来看问题。他反驳道，在资本主义工业组织下，人类其实被扔回了单纯生存的物化领域。在他看来，"劳动资料扼杀工人"，这一点无可辩驳。（Marx，1938：第432页）[5]

根据马克思给出的对技术的辩证解释，尽管技术其实已经成就卓著，但这种成就并不意味着人类的自我规定、反思性和社会

---

[4] 中译据《马克思恩格斯全集》第二十三卷，第471页。
[5] 中译据同上引，第473页。

都被提升到了崭新的高度。恰恰相反，从许多方面来看，成就的程度能够精确地衡量出，人类，当然尤其是无产阶级（"现代雇佣工人阶级"；Marx and Engels, 1967：第67页），已经在多大程度上深陷僵化、物化和外部规定。

资本主义扼杀了工人，乃至于作为一个人的工人多少可以说已经彻底消失了。剩下来的只有一个动物的本体性外壳，往往只是生理性外壳（这里，1844年手稿当中的哲学探讨又重新出现在对"现实世界"的实践的思考中）。比如说，马克思提出，在服饰工业中，典型地体现了尤尔之流热烈吹捧的所谓"解放"究竟产生了什么后果。在马克思看来，兰开夏郡的工厂所需要的"大量的廉价的任人摆布的人身材料则由大工业和大农业'游离'出来的人组成"。这些新获自由的工人所能拿到的工资，按照马克思的说法，被降到"仅够糊口的最低限度，而劳动时间却延长到人能忍受的最高限度"（Marx, 1938：第475页）。[6]

但即使是资本主义，也不能超越工人的生理局限所设置的障碍。至少可以说，除非有新的技术发挥作用，否则资本主义不能再进一步。马克思在《资本论》中提出，当工人的生存条件被迫下降到"某些不可逾越的自然界限"（Marx, 1938：第474页）[7]的地步，物化的循环周期就又进一步。动物化的工人已经物化到了这样的程度，以至于他们本体论意义上的人性遭到破坏，自己沦为奋力争取满足单纯的人类学需要的层次。但即使到了这一步，

---

[6]　中译据同上引，第516至517页。如果根据作者此处引用的英译，"大工业和大农业"应为"机器化工业和改良后的农业"，"游离"应为"解放"，"人能忍受"应为"人的机体能忍受"。

[7]　中译据同上引，第515页。

也可以通过使用技术取代人的活动,以减轻物化。工人通过摧毁一切自我规定能力来获得规定,这绝不能说是自掘坟墓的故事的终点:"当这一点终于达到时(这需要很长的时间),采用机器和把分散的家庭劳动(还有工场手工业)迅速转变为工厂生产的时刻就来到了。"(Marx, 1938:第474页)[8]

从某种程度上讲,马克思对工厂的后果的看法与尤尔并没有太大分别。分歧在于尤尔的讲法是要得出一种单维的道德寓意,即从体力劳动中获得解放;而马克思得出的道德寓意是两维的,更具辩证色彩,直指人类的反思性的边缘化趋势。说到底,尤尔大概可以像马克思那样写道:"大工业从技术上消灭了那种使整个人终生固定从事某种局部操作的工场手工业分工。"(Marx, 1938:第489页)[9]但是他不能也不愿进一步提出,"但大工业的资本主义形式同时又更可怕地再生产了这种分工:在真正的工厂中,是由于把工人变成局部机器的有自我意识的附件……"(Marx, 1938:第489页)[10]稍后,在《资本论》中,马克思提出,工业之所以对工人产生可怕的后果,是因为它"使工人面临这样的威胁:在劳动资料被夺走的同时,生活资料也不断被夺走,在他的局部职能变成过剩的同时,他本身也变成过剩的东西"(Marx, 1938:第493页)。[11]因此,很显然,现代资本主义工业与人类劳动者之间就产生了利益冲突与对抗。

不过,即便是马克思,由于他以其极具现代色彩的立场,倡

---

[8] 中译据同上引,第515页。原书作者此处把后半句改成间接引语并略有省略。
[9] 中译据同上引,第530至531页。
[10] 中译据同上引,第531页。
[11] 中译据同上引,第534页。

导对一个不断改善的社会情境的社会生产（以及将工业视为这种生产的物质资源的观念），从而不至于全盘否定现代资本主义工业。马克思拒斥了通行的技术制度与安排，但这绝不会导致拒斥技术本身。恰恰相反，尽管对于工业所带来的后果，当然也就是资本主义所造成的后果，马克思充满了道德义愤和蔑视，但他依然可以看到全社会普遍使用机器所带来的某种美好未来。无论如何，马克思又和尤尔一样，但现在也有点类似于圣西门，认为现代工业要求用"充分发展的个人，取代今日的琐细劳动者，他们由于终生重复单一一项琐碎操作，几近残废，就此沦为人的一个碎片"（Marx，1938：第494页）。[12] 这种新型个人将从当下被异化和去人化的工人中脱壳而出。而这一变型过程也被视为包含某种朝圣的意味，在本体论、道德性和社会层面的意义上，向着更加明确、更加美好的未来前行。

新型的劳动者将与当下堕落的工人构成截然对比（因此，未来的形式之所以代表着相对于通行形式的一种自由的意象，就是因为它体现出有可能存在一种替代选择）。马克思写道：未来的工人将能"适宜于多种多样的劳动，准备好面对生产的任何变化，如果他执行许多不同的社会功能，就会有众多方式为自身的天生力量和习得力量开辟自由空间"（Marx，1938：第494页）。

不过，尽管全面充分发展的人类劳动者将会出现在未来的共

---

[12] 此处及下处对应的中译参看同上引，第535页："用适应于不断变动的劳动需求而可以随意支配的人员，来代替那些适应于资本的不断变动的剥削需要而处于后备状态的、可供支配的、大量的贫穷工人人口；用那种把不同社会职能当作互相交替的活动方式的全面发展的个人，来代替只是承担一种社会局部职能的局部个人。"

产主义社会，仍有必要指出，对于未来以什么样的方式显现，借助什么来促成未来，马克思的立场相当暧昧。诚然，像《共产党宣言》这样的篇章间接认定，只要革命的各项条件成熟，就会有一定程度的自愿革命行动（也就是说，无产阶级确实会积极主动地贯彻革命，但必须是在革命深入自觉意识的客观情势下）。与此同时，在阐述新型劳动者的生产的一段行文中，马克思似乎是在说，这样一类人只能通过现代工业的强制推动才能显现。换句话说，技术的辩证法再一次得到凸显：归根结底，技术被解释为规定了人，而不是被人所规定。因此，充当说明的源泉的，正是处在资本主义工业形式中的技术，而这是一种物化了的技术。这或许正是马克思展示其才华的地方：他成功地将这些各自歧异的视角统统纳入有关现代性的比较协调连贯的单一解释。

所以，在马克思看来，技术及其特定的社会形式，即资本主义工业生产，很可能导致出现物质奇迹，用魔幻般的崭新方式来装点世界。但是，根据马克思的说法，这种装点越来越成熟精美，却伴随着居处于世的人的品质、潜力乃至于人性本身趋于衰微。换句话说，现代工业让古代金字塔黯然失色，这一事实本身就可以视为在一定程度上很好地证明了，资本主义和技术已经多么严重地使人类趋于去人性化。当然，马克思是准备承认工业体系富于创造、表现夺目的。然而，在尤尔和圣西门眼里，那些令人惊叹的产物都会是文明和进步的象征，而马克思对此则有非常不同的解释。马克思认为，这些产物证明了已经确立起对自我规定的潜力和可能性的规定。

马克思提出，技术正在或已经变成以其自身为目的。不再能够把技术准确地理解为现代世界中对不断改善的事物秩序的物质生产。它所生产出的秩序并不能保护个人避免门外的深渊,使他们有能力自我规定。在通向未来之旅中,至少是摆脱过去之旅中,技术不再必然是一种辅佐手段。相反,马克思甚至把技术解释为规定现代事物秩序应当是什么样子的东西。要想重新找回规定技术的社会文化能力,基本没有什么可能,或者说没有任何说得过去的可能性。

究其根本,悖论和矛盾在于,根据人们的界认和领会,技术最初是达成文明和增进的宗旨的最佳手段。然而,往昔的宗旨却没怎么费事就被遗忘,事实上,它明确臣属于技术手段本身。让人哭笑不得的是,这种物化了的技术逐渐压过了自己原本要去确保的那些社会文化宗旨,而在这种确立优势地位的过程中,反思型知识分子的努力却起到了不小的作用。当然,关键在于,现代知识分子只能去解构技术的活动和宗旨,从许多方面来看,他们基本不能接受技术。

简而言之,技术要作为具有社会和文化意义上的合法性的活动而得以延续,就只能基于某种双重预设。首先,技术实现明确宣称的应用宗旨的能力必须是无可置疑的(如此一来,任何失败都只是某一台特定机器的问题,而不是所有地方一切时间的全部机器的失败)。其次,只有假定,有朝一日,一切努力都将功德圆满,技术事业的荣耀将会呈现在全体人眼前,技术才是可能的。换句话说,技术是一种生活方式,只有当人们毫不怀疑其地位和信度,它才能长久持续。而反思型知识分子的活动无非意味着提出这样的质疑。

对于反思型知识分子来说,技术的支配地位正是亟待解构的东西。正如罗伯特·穆齐尔在《没有个性的人》第一卷中有关数

第五章 责任

学的议论:"所有不得不对灵魂有所了解的人……都见证了一桩事实:它已经被数学所毁灭。"根据穆齐尔不那么离谱的描绘(毕竟,读者诸君,他基本上就是在说我们的祖先),对于这些见证者来说,"在数学中蕴含着邪恶的才智,一方面将人塑造为尘世的主人,同时又把他变作机器的奴隶。"(Musil, 1953:第40页)不妨把这句话解读为对"启蒙辩证法"命题的精妙概括。对于他们(也是对于我们?),"数学作为精确科学之母,工程学的祖母,也是最终孕育出毒气室和战斗机的那种精神的鼻祖。"(Musil, 1953:第41页)

穆齐尔有助于人们体会到反思型知识分子的一种倾向,后者往往自得其乐地进行解构,至少是解构了叙事上将技术与增进和文明相维系的做法(海德格尔就是这种思路的一个例证),但技术本身却基本未受触动。而这就是穆齐尔力图提出的要点之一。尽管像科学这样的技术知识可以遭到批评,但恰恰是这样的批评,导致了重新支持数学家的工作:"就乌尔里希来说……至少可以肯定的说,他之所以热爱数学,正是因为那些不能忍受数学的人。"(Musil, 1953:第41页)(乌尔里希就是那个"没有个性的人"。[13])

在韦伯的作品中,或许也能找到出自照看灵魂的人的类似观点。在韦伯看来,对理性生活的一切自负的诉求,都需要经受解构,至少是基于强制性的道德理据。但是,很典型的是,韦伯未能看到,揭示出理性活动的空洞性,其实对这些活动本身并没有什么触动。说什么都可以,只是什么都没有改变。不过,要说到

---

[13] 这里的"个性"就是"qualities",也就是与数学的"量"(quantitiy)相对的"质"。

揭启现代各项制度和安排所掩饰的那种意义的深渊，韦伯可以说比起其他绝大多数人都走得更远。他认识到，"过一种井井有条的理性生活的方式有很多，但许多主要方式都可以概括出非理性的预设，被径直接受为'给定'的前提，纳入这类生活方式。"（Weber, 1948：第281页）或者，更详细一点来谈这一见解，在韦伯看来（他在这里可以说只是指出了其他反思型知识分子努力把握的东西），技术成为自身的合法化理据，除了它能够自我赋予的宗旨，除了自我扩散，它别无其他宗旨。但是，就算那些留心去看的人清楚技术归根结底是空洞的，这种"井井有条的理性生活"的形式也依然在延续。

现代的各种关系和活动意味着一种特定的情境，在其中，后现代的境况与某种技术相对峙，而不是容而纳之，这种技术自我延续，似乎只遵从自身的发展逻辑。当然，依旧可以认为，技术还是一套为捍卫和巩固事物秩序提供手段和渠道的物质活动，也仍然能够提出，技术就像是社会层面的线性历史的发动机。但是，后现代所面临的深层难题在于，后现代群体并不认为自己坐在这种不断加速的通向未来之旅的驾驶室里。恰恰相反，他们往往觉得，自己就像是缺乏权力的乘客，被载往自己并不知晓的某个目的地，即使抵达终点，或许也不会喜欢那个地方。即使能够想象出有什么目的地，情况也就是这样。换句话说，似乎有理由认为，至少就与技术有关的问题而言，后现代境况在某些方面就像是乌尔里希·贝克所描述的"风险社会"。

贝克试图通过风险社会这个观念表明，当代的社会文化境况有些独一无二的地方。依照贝克引人入胜的分析，已成惯例的现代工业安排是不能从风险社会的角度来理解的，因为在那些安排中，存在某种安全协约。这样的协约意味着，未来可能发生的灾难在当下有所预防。而关于进步的叙事表现的就是未来与当下之间的这种契约。贝克写道：在现代工业安排中，"有关社会问责能力、补偿和预防的规则的规范体系，在细节上总是充满争议的，但创造出当下的安全感，以应对开放的、不确定的未来。"（Beck，1992：第100页）不过，在风险社会中（贝克并没有讨论什么后现代性或后现代），情境就不一样了。在风险社会里，未来与当下之间的协约已经被撕毁。风险社会典型地表现出技术独立意识，以取代技术上有所担保的进步。

贝克还特别担忧核技术的可能性，或许这是完全有理由的。他提出："核电站将安全保障的原则搁置一旁，不仅是经济上的安全保障，而且包括医学、心理、文化和宗教意义上的安全保障。剩下来的风险社会已经变成一个没有安全保障的社会。"（Beck，1992：第101页）居处在风险社会里的人们看不到什么进步和未来，只知道对危险的短期计算。而这些计算的依据就是技术。但它们决不会质疑技术。"在这个意义上，可以说对风险的计算典型地体现了一种没有道德的伦理（ethics without morality），也就是技术时代的数学伦理。"（Beck，1992：第99页）这种道德的唯一去向就只能是下一幕可能发生的风险和忧惧。

尽管如此，似乎很有理由认为，只有从后现代境况的空间内部出发，才能将技术领会成所谓风险社会的一个方面和动因，这有悖于贝克本人的立场。风险社会本身就是后现代境况的单一维度。这是因为，只有在后现代境况中，才能通行两种情境。其一，技术的明确宣示的宗旨已经遭到解构，技术就此成了本身的目的。诚如贝克所言，"'绝对律令'的地位被特定空气污染条件下的死亡率所取代。"（Beck, 1992：第 99 页）其二，有关线性时间的叙事已经被超越，因此基本不可能再以某种具有普遍合法性的单一导向来驾驭技术。

所以说，如果把后现代境况这些方面的特征合在一起，就会浮现出一幅支离破碎、很成问题的画面。问题部分在于后现代式社会文化群体的性质。居处于后现代境况下的人很像是游牧民。他们只维系着单一的时间与地点，其实不能被概括为单一限定的特性／身份／认同，因此也不能说遵循了一条排他性的单一历史道路。从许多方面来看，这恰恰意味着做一名知识分子，成功地解构那些在历史上为技术提供正当性理据的叙事（换言之，这也等于做一名知识分子，在党的极权统治之后，实践反思性）。它还意味着加入围绕表面上的执行表现凝聚起来的社会文化群体。

知识分子和执行者当然是很不一样的，但也有很类似的地方。他们都发现了一个秘密，即根本没有秘密可言。如此一来，他们都没有卷入解释学意义或物质意义上的物品的生产关系。他们主要实施的都是许多消费活动（被消费的东西既可以是知识分子，也可以是物质材料，前者通过对被想当然接受的东西进行解构，后者通过他人已经制造出来的风格和物品进行使用）。他们都在已经搭建完成的一些舞台上展开活动。

但不管怎么说，技术还依然存在。它不具备任何社会施加的宗旨。事实上，只有极具现代色彩的技术专家才会宣称，对驾驭之轮拥有任何控制权（但在后现代群体看来，属于现代技术知识阶层的这类成员已经丧失了一切合法性）。后现代性早就抛弃了线性时间的道路，但技术还依然推动着社会文化关系沿循这条道路向前发展。因此，从后现代式社会文化群体的视角来看，无论

第五章 责任

是技术，还是更广泛意义上的整个世界，都往往被解释为某种超出控制的东西。在他们眼里，从社会维度和社会层面被生产出来的自然现在倾向于为此世生存的意义做出规定。自然似乎对社会维度和社会层面的反思性诉求做出了反击。

因此，后现代境况中出现了一种深切的、或许难以调和的分裂，一方面是各种社会文化趋向，另一方面是各种物质趋向。在现代性当中，至少在原则上，这两类趋向以大致相同的步调，向大致相同的方向发展；而在后现代性里面，它们却彼此逐渐分离。这就引发了非常严重的伦理问题。

不少论家对技术在伦理上的连带意涵做出了非常深刻的思考，其中就有汉斯·约纳斯。尽管约纳斯并没有探讨现代性和后现代性之类的范畴，但他的观点颇具说服力，特别有助于理解后现代性的利害关键和争夺地域。约纳斯的根本观点在于，技术所提出的要求和具备的意涵，是有关社会维度和社会层面的互惠与责任的正统伦理资源基本没有能力处理的。约纳斯指出，可以从"虚设环境"的扩张的角度来界定技术的过程（Jonas, 1984：第9页）。不过他又认为，"现代技术已经引入的行动在范围、对象和后果上都是前无古人的，此前的伦理学框架不再能够容纳这些东西了。"（Jonas, 1984：第6页）

按照约纳斯的说法，传统的伦理学是建立在某种双重无中介性的预设基础上的。这些规则假定，与主体的行动相关的未来，其范围所及，无非就是个体的生活。它们还假定，在伦理上具有相关性的行动主要包含的就是面对面的互动。约纳斯指出，这些伦理体系预先假定，"具有伦理意义的世界是由同时代人组成的，其对未来的视野仅限于这些人可以预见到的生命跨度。"（Jonas,

1984：第 5 页）换句话说，我对自己死后的世界不承担任何责任。这种无中介性假定的典型象征就是城邦，它代表的是人类自我规定的受界限限制的世界。根据约纳斯的观点，自古希腊人的时代以来，城邦就被解释为在这个否则属于自然物化的世界上，为反思性提供的庇护所："正是在这个人类内部的框架中……所有传统伦理栖居其间，它也与这种框架所限定的行动的格局两相契合。"（Jonas，1984：第 4 页）城邦的界墙指明了社会层面上的自我建构的环境边界："这是他自己打造的城堡，与其他的东西有着明确的分隔，被交托于他，成为人有责任的行动的唯一而完整的领域。"接下来约纳斯要阐述的是，就与这个被界认为不受界限限制的世界之间的关系而言，这种受界限限制的情境具有怎样的意涵："自然并不是人类责任的一个客体对象，她自我照看，同时也照看着人，只是带有几分哄骗和操心；应用于自然的不是伦理，而只是聪明。"（Jonas，1984：第 4 页）

但是，技术资源的发展与应用，当然，也包括伦理责任受界限限制的环境的建构（即城邦的建构），都意味着道德的世界与社会层面的世界之间此前的那种直接匹配已经被打破了。曾经使城邦坚固强大的那些技术资源，现在反过来摧毁了城邦。根据约纳斯的说法，技术意味着我们现在不得不去应对一个强大的世界，而这个世界此前仅仅被我们视为持存物，等待着我们去激活。"空间相邻与时间同代的限制已经不复存在，被技术实践所发动的因果系列的空间传播和时间延展所驱除，哪怕有着相近的目的。"（Jonas，1984：第 7 页）如此一来，"'城邦'与'自然'之间的界限就已经被抹除了：人的城邦，曾经是非人的世界中的飞地，在整个尘世自然的地域上延展，抢占了它的地盘。"（Jonas,

1984：第 10 页）技术有能力彻底超越无中介性，超越受界限限制的时空背景。有赖于这样的能力，出现了"日益扩大的集体行动领域，其中的行为人、行为本身及行为效应都不再是处于彼此相邻的领域时的样子了"。（Jonas，1984：第 6 页）

不仅如此，约纳斯还提出，技术的能力日益增长，意味着"人"已经成为技术活动和秩序安排的客体而不是主体。比如说，现在有可能通过技术延长个体的生命周期。此前的伦理学探讨的是如何应对死亡这一不可变易的事实，而技术时代的伦理学则必须探问：延长生理的生命究竟有多大的可能性。这就引出了一系列的问题。在比较凡俗的层面上，现在需要应对实际的两难选择：该延长谁的生命？如何偿付生命的延长？谁来做出这些选择？但在形而上的层面上，还有一些重大的难题，"牵涉我们的限定性究有何意，我们对待死亡的态度，死亡与生殖之间的平衡在生物学上所具有的整体意涵。"（Jonas，1984：第 18 页）约纳斯还指出了基因工程所存在的问题和可能性，并认为它们"非常生动地展现出我们的行动力已经在多大程度上使我们超出了此前所有伦理学的探讨范围"。（Jonas，1984：第 21 页）

约纳斯非常担心会盛行一种情境，证明不可能发展出技术所要求和强迫的那些伦理资源。他以或许并不令人惊讶的方式提出，如果伦理学不能把握技术上的可能性，那么技术就将兀自延续下去，对于它自身的意味，对于人之何以为人，越来越具备规定能力。换言之，约纳斯的意思是说，技术甚至会不考虑生态灾难的可能性，承诺会解决人类物化这种道德性、生存性的灾难。因此，在这一点上，可以看到是以另一种方式呈现了马克思曾经极其出色地表达过的主题：物质能力和富足的日益增长与人性的逐渐衰微并肩而立。约纳斯冷峻审视着眼前的情境，指出在当下这一刻，当技术事实上已经将人化约为被操弄的客体对象，而应对技术的挑战所需要的伦理资源尚未发展成熟，人类就只能处在冰冷、可怕、孤独的境地中："我们就这样在赤裸裸的虚无主义面前颤抖，在这种境况中，几近全能与几近空无相携以行，能力扩至极致，却最不知悉使用这种能力的目的何在。"（Jonas, 1984：第23页）

但约纳斯又告诫道，我们显然必须学会如何使用我们的力量；我们显然必须规定技术对我们自身的意义何在，从而拯救人类，并就此拯救自然，使它们免于道德上和物质上的崩溃。约纳斯呼吁人们认识到，所谓的当代人类境况，应当就在于怀着一份坚毅和坦诚，直面我们的技术生产的种种危害和效应。约纳斯希望我们认识到，对于我们所导致的那些无法预见到的效应，我们应当担负起责任，并在此基础上展开行动。但那种责任不能被当作或转交给所谓大写"历史"或"理性"的叙事。当然，我们也无法利用传统的伦理资源（说到底，恰恰是因为传统资源无力应对技术，首先刺激了对于目的城邦的超越）。在约纳斯看来，我们只能自力更生，我们必须应对在这个他所谓的"技术时代"中，我们在道德和物质角度上的境况。他就此强调一种责任伦理。

约纳斯认为，我们建构并遵从一种责任伦理，恪守照看"人类未来"这一义务，这是一种律令（既包括这个词的伦理意义，也包括其急迫之意）。但是，把焦点集中在"人类"身上并不意味着我们只照看其他人。约纳斯的要旨在于，对人类未来的任何照看都势必意味着照看自然的未来。原因很简单，如果地球没有了未来，人类还谈何未来！因此，对人类未来的任何照看在逻辑上就要求照看地球的未来。约纳斯提出，我们坚持这种责任伦理，并不需要废弃一切无法控制的技术。相反，他认为，我们始终应当关注技术可能产生的巨大的破坏性。所以约纳斯觉得，对未来的照看就像是"超越自我利益的形上责任"。这种责任"已经转交到我们手上，相比于脆弱如轻烟薄雾的生命，我们的力量是如此壮阔，人已经不仅对自身产生了危险，对于整个生物圈，也成了一种威胁"（Jonas, 1984：第136页）。简单来说，约纳斯笔下的伦理是在吁求警觉，体现警觉。他的立场，"在这个压力独偏一面、风险与日俱增的时代，……站在温和审慎的一方，站在'小心！'和'留住！'的一方。"（Jonas, 19984：第204页）

所以，约纳斯无疑是在分析技术的道德蕴涵和物质蕴涵，这些都必须严肃对待。他提出了严肃的观点，也是以严肃的态度来呼吁，而给出的答案绝对谈不上轻而易举或让人安心。甚至可以说，至少就伦理思辨和理论建构而言，距离解决技术对峙后现代性所产生的难题，约纳斯还有很长的路要走。诚然，约纳斯笔下的责任伦理似乎很有说服力。但从社会学的角度来看，所有这一切还存在一个重大问题。就连约纳斯所承诺的那种不要高枕无忧的警觉，或许也是寄望过高。究其根本，约纳斯所吁求的责任伦理尽管把握到问题的关键，也属于不可或缺，但似乎没有什么理由可以想象，处在后现代境况中的社会文化群体具备了生存和解释角度上的资源，能够发展这样一种伦理。他们的生活状态更不可能达到约纳斯提出的这些要求。

约纳斯写道："在技术力量的作用下，那些素来是也应当是尝试性的、或许是启发性的思辨理性的游戏，已经变成了彼此竞争的规划蓝图，我们要在这些蓝图中间做出选择，就得在时空遥远的效果的各端之间做出选择。"(Jonas, 1984：第 21 页）不妨说，约纳斯的这个观点完全正确，理据充分。但问题在于，他假定具备了选择能力。而如果把注意力放在后现代存在境况上，就很可能是一种缺乏依据的假定。

约纳斯希望人们关注未来。但这种关注预先假定了未来与现在之间存在某种直接的线性关系。事实上，只要耗费足够的能量，技术本身也可以重归社会控制。然而，后现代的境况所蕴示的却恰恰相反。

首先，有关单一线性的叙事通过无产阶级之类的朝圣式群体，或是进步与文明之类的叙事，将过去、现在和未来关联起来，但这样的叙事缺乏内在的协调统合。其原因很简单，就在于朝圣式活动和特性/身份/认同在逻辑上是荒诞的。其次，尽管目的城邦的界墙很可能已经被摧毁，但这并不意味着人类有能力自由地各处漫游。恰恰相反，面对现代性界限另一端几乎是绝对的自由，在外部漫游的那些社会群体往往丧失了他们的一切关联/方向/意义（bearings），事实上，丧失了寻找新关联/方向/意义的能力。其实，这就是他们的游牧式生存境况的本质所在。第三，技术显然是被领会为外在于体现后现代性典型特征的那种解释性、生存性境况，它并没有被解释为能够接受获取控制的种种尝试。相反，人们把它理解成更多地借助次生自然。它与那些社会文化活动可以说是各行其道。总而言之，未来并不属于后现代社会文化群体。他们并不知道未来是什么，他们并不懂得未来意味着什么，因此，他们缺乏解释性和生存性的资源，能够去为未来承担责任。T.S.艾略特在《小吉丁》中说得很对："一个没有

第五章 责任　　169

历史的民族，/ 从时间中得不到拯救。"(Eliot, 1982)[14]

事实上，这种难以从历史中获得拯救的性质，或许正是我一向所说的后现代群体的游牧性质中最显著的特征。现代特性／身份／认同的一个根本维度就在于历史感。时间会拯救当下的苦难或匮乏等特性／身份／认同，因此，历史的演进就被解释为朝向到达那一刻的演进。有鉴于此，我把现代特性／身份／认同称为朝圣式的。然而，从许多方面来看，后现代境况的核心就在于到达是不可能的，事实上，任何单一时间轨迹都是不适当的，因此，能够反映其典型特征的群体就永远无法去往任何地方。从后现代性的角度来看，时间和历史之所以无法拯救任何东西，就是因为没有任何东西有待拯救（无论如何，不再有任何限定的特性／身份／认同处于匮乏状态），不仅如此，也不存在任何救赎境况。

不过，情况或许还更加复杂。技术确保了现代世界的事物秩序，这里也为后现代世界的事物秩序提供了担保。但这样的技术蕴含着一种独特的可能，即没有任何未来。关于未来的任何观念要想成立，哪怕是认为未来绝对无法理解，就只能想当然地认为，要么世界将在个体死亡之后继续存在，要么不管有多少个体会死亡，人类学意义上的"人"的形象也将延续。但是，二十世纪出现的一些技术用途意味着，这两种对未来的担保都不再能被想当然地接受。技术现在所蕴含的可能性已经不再是某些人的死亡，而是"人"的死亡。正是因为存在着核灭绝的可能性，人的

---

[14] 中译据托·艾略特《四个四重奏》，裘小龙译，漓江出版社，1991年版，第227页。

所有个体都可能同时死亡,而"人"这一堂皇的现代英雄也将就此消失。正如雷德纳所言,"当下存在的'人'的死亡这一危险,归根结底,乃是源于人的普遍死亡。人不能不朽,……因此'人'也不能不朽。"雷德纳继续用可以理解的悲观论调谈道:"如果你沿循这种思路,直至令人感到苦涩的终点,最终不得不得出结论,不仅'人'不能不朽,而且'人'很可能已经垂死,很快就将死去。"(Redner,1982:第20页)

只要还可以径直假定"人"的延续,就可以把个体的生活界认为另一种朝圣。人的一辈子就像是通往死亡之路上的一次朝圣。但对于那些依然生存的人来说,这种死亡是蕴含意义的(meaningful),是有重大意涵的(significant)(哪怕对于那些死去的人来说没有意义;再说一遍,到达那一刻的转化使得朝圣之旅变得非常荒诞)。它之所以蕴含意义,只是因为那些继续生存的人依然见证着死者。不仅如此,每一个个体原则上都知道,在自己死后,其他有些人或所谓的"人"仍将延续(即使是阿多诺,或许也在努力对抗逆境,抓住希望,尽管他宣称奥斯维辛集中营的人在物质意义上死亡之后,"人"在道德意义上也已经死亡。参看 Adorno,1973)。

但是,与核技术相关的可能性尤其会引起这种情境发生彻底的、并且非常突然的转型。这种认识很具有后现代的意味,因为它体现出对有关核技术的现代合法化叙事的超越。那些合法化处理将核技术与可再生资源或可复制和平之类的命运维系在一起。当然,它们断言,绝对不可能出现任何核灭绝(无论是什么起因,无论是意外事故还是蓄意为之)。思考由核技术导致"人"之死的可能性,其实就是不信任有关和平利用核能及核威慑的元叙事。

可能发生的事故范围要广泛得多，核灭绝只是其中尤其令人可怕的一例。这种技术所蕴涵的可能性意味着死亡很可能变成毫无意义的东西，而个体的生命也将就此不再像是一场朝圣之旅。这一系列的可能性甚至笼罩了凡俗的日常活动。说到底，"技术进步已经使死亡变成一种可控的生理过程，个体的经历在其中变得无关紧要，保他的命还是任他死去都得听医生和律师的指示。"（Redner, 1982：第 23 页）或者也可以说都得听军队的命令。雷德纳指出，个体"不再能够自己准备这一真实的最终一刻，而把它作为人无法干预的某种宿命交付出去。他的死亡不再属于自己，或许只有故意选择自杀才算是例外。"（Redner, 1982：第23 页）

然而，就算所有人都在我自杀的那一刻死去，而我并不确知他们不会死去（核灭绝的可能性永远夺走了确定性），也依然缺乏真实，因为可能不会有任何人、任何事见证我的自杀。这就是所谓"新的死亡之无意义性"（Redner, 1982：第 23 页）的全部含义。死亡之所以毫无意义，是因为在技术的作用下，死亡已经逐渐不再可能具备意义。至少在雷德纳看来，死亡原本应该成为反思性下的重大事业的发生场合，但它已经物化为基本没有意义。死亡应当在社会和文化的角度上被规定为具有自身和连带的重要意义（important and significant），而不是在技术的角度上被规定为不具有自身和连带的意义（empty and insignificant）。

事实上，这种信念意味着，尽管雷德纳往往带着悲观的论调，但却并没有陷入彻底绝望。他明白，技术蕴含着、蕴示着死亡的物化。但他也相信，必须努力恢复死者的死亡，恢复那些死亡的情境和意义，就此使死亡摆脱某种很难有什么逃避的一劳永逸的规定。换言之，雷德纳希望我们记住死亡，并因此建构和重构其对我们的意义。奥斯维辛之后，诗歌变得不太可能，但却更有必要。他提倡实践反思性，也能拓展人之何以为人的品质和能力。雷德纳看到"要努力进行回想，为这一切死亡类型找到某种声音。这是俄耳甫斯探险(Orphic quest)的终极形式：通过声音，使死亡摆脱遗忘"(Redner, 1982：第 288 至 289 页)。雷德纳通过将死亡重新置于日常生活，对死亡进行反思和回想，相信有可能补充社会文化反思性的资源："与死者彻底撇清干系，会构成另一种死亡，对此我们尚不知如何命名……这是人类的整体健忘。"(Redner, 1982：第 288 页)而技术所带来的威胁恰恰包括这种健忘。

如果不重新挖掘和回想死亡中蕴含的根本的人性(而不是置身人性之死的威胁中的栖居)，游牧主义式的后现代境况就会别有一番意味。在这一点上，它会被赋予形上的意义。没有反思性，技术上的死亡无非是增强了游牧式生存境况。而生命，符合"人"的形象的个体的生命，其实不能被解释为某种朝圣，不管这朝圣将去往什么地方，以什么为目标。相反，如果不从社会的角度规定其意义，死亡将变成一桩单调乏味、令人惊惧的事实(同样，它将成为这样一桩事件，其发生只是出于自然强制力)。或者，人们只是认为它展示了技术有朝一日会使之成为消极被动的另一桩事情。

不过也可以认为，反思性的那些努力和利用尚有待实现。事实上，似乎不存在任何让人信服的社会学上的理由，可以认为在后现代性的境况下，约纳斯所警示的那种责任伦理真有生产的能力。同样，似乎也很难找到有说服力的理由可以设想，那些将能激发后现代群体思考其潜在死亡的意义的资源会来自何处。说到底,正如站在现代性的门槛上的康德所认识到的那样,"相信别人说的东西是那么轻而易举,那么令人安心;不自己思考是那么不费周章。"(Kant, 1970)不必去面对自己的物质死亡这一事实的道德蕴涵,肯定是让人愉快得多的。

后现代境况蕴示了一系列特定的关系和过程,其中的生与死都被物化为社会交往的简单重复,简单循环,直到一切人的死亡或"人"之死那一末日天启的时刻到来。生命与死亡之所以只能沦为没有方向、循环发生的事件,就是因为不存在任何"人"的普遍家园或宗旨,可以成为通往死亡之旅的终点。因此,在这种形而上的意义上,不存在任何生与死的宗旨。无论生死,超出了此时此地可以创造出来的完全暂时的意义,其实都基本没有方向。但是,既然这些意义都囿于当下,也就不可能被限定,呈现出历时持恒的面目。它们所蕴涵的无非就是自身缺乏持恒性和根本上的强制力。

实际上,人们之所以越来越狂热地实践着无尽的重复,之所以缺乏任何线性运动,正是因为这样就永远不需要去面对缺乏蕴含意义的目的会有什么后果的问题。话说回来,这并不意味着后现代境况下是一种彻底的享乐主义,完全缺乏责任。恰恰相反,后现代群体的一切活动中都萦绕着责任的问题。但是,那种责任并不指向人类未来或地球未来之类的宏大叙事。相反,它更多的是借助于假扮忙忙碌碌,或是社会引起的形上角度的愚昧,来避免意义的深渊,通过这样一种责任,社会文化活动陷入彻底的无方向性。

换言之,终有一朽这一物质事实,也是传统上的道德事实,被搁置一旁。而后现代境况的运作是基于这样一种假设，不妨称之为把赌注压在当下之不朽上。既然后现代深陷当下，它在逻辑上也就不朽了。可以把这种不朽性质解释为两个因素的产物。首先，所谓在个体死后，还有什么人或事将延续下来见证这一终有一朽的事件，这种说法绝不是不言自明的。其次，后现代并不在某个历史时间的演进轨迹中占据一个时刻，而永远只是此时此地。

这种情形自然会产生深刻的社会学意涵和道德意涵。这一点把握得最好的或许要算是豪尔赫·路易斯·博尔赫斯。他和卡夫卡、穆齐尔等许多文学家一样，比大多数社会学家都说出了更多具有社会学重大意义的东西。当然，谈法变得非常具有隐喻的意味，但博尔赫斯写道，对于终有一朽者，对于居处于必朽境况下的人，"一举一动都有可能是他们的最后一击；没有一张面孔不濒临消失，宛如梦中的面容。"（Borges，1970：第 146 页）这种情境转瞬即逝，永不复现。也可以看作是趋近现代性的蕴示，即其对未来的不懈探索。但是，如果置身不朽的境况，置身不存在终有一朽之蕴示的无界限地带，情况就会彻底改变。在那种情况下，按照博尔赫斯的说法，"一举一动（以及一思一虑）都是在回应渺远过去的举动（和思虑），或是准确预见在未来会令人眼花缭乱地不断重复。"（Borges，1970：第 146 页）[15] 这段话刻画了无尽的循环，描绘了目的的缺乏，不妨解读为最精确地概括了后现

---

[15] 以上两段话系本书译者自译，可参看《博尔赫斯全集·小说卷》，《永生》，王永年译，浙江文艺出版社 1999 年版，第 205 页。这里的"终有一朽者"和"不朽者"，该中译分别作"凡夫俗子"和"永生者"。

代境况的社会学特征和活动。

因此，根本而言，在后现代性的各种关系和范畴中，普遍体现的核心问题就是对责任的追问。由于技术的作用，居处于后现代性的人们要以此前不可想象的方式担负责任。他们不仅要为自己在目的城邦这一受界限限制的世界中的直接行动和效果负责，而且也要为"人"和"自然"之类范畴的未来的可能性本身负责。就此而言，技术意味着人类其实必须在世界上漫游，要么留下新的警示痕迹，阻挡越界者，要么拼命铲除不久前的先辈们留下的柏油马路。但技术的物化后果和蕴涵似乎蕴示着一个悲剧：作为后现代境况之典型特征的那些社会文化资源，其实并不足以滋养责任伦理。原因很简单，技术，尤其是技术可能被使用的某些方式的实践教训，意味着在我自己的死亡之后，其实不可能有任何未来。如此一来，不可能发展一种责任伦理，因为根本搞不清楚后现代群体应当为什么负责。是为未来本身？还是为某一种未来的可能性？

所以，就此而言，技术彻底限制了存在的可能性与潜力。要保持技术受到社会文化规定的遏制和影响，非常需要责任，但技术毁灭了责任的机会。这就是后现代技术辩证法的根本悖论：要为未来承担责任，但却不一定会有一种未来。但是，这一悖论却成了某种不求自来的奖赏，给予后现代性满载此前大量社会文化活动的圣杯。这就是通向不朽之可能性的密钥。

第六章　他人

从许多方面来看，都不妨说，对后现代境况的某种分析在一定程度上点出的那种不朽的可能，让人好奇而又令人厌烦，就像是一种非常凡俗的形上赌赛。说到底，诚如博尔赫斯所言，"成为不朽实属寻常；除了人，其他一切生物都是不朽的，因为它们对死亡无所知晓。"但博尔赫斯接下来又警告读者："所谓神圣、可怕、难以领悟之事，就是知晓自己是不朽的。"（Borges, 1970：第144页）[1] 从这些方面来看，后现代性表明，我们（这里的"我们"指的是那些过着后现代生活的人）以及其他所有人，对于我们的死亡，对于作为一种普遍的社会文化境况的死亡本身，都有可能变得无所知晓。死亡之所以笼罩在一片其程度前所未有的无知之中，就是因为现在再也不能想当然地认为，在个体死亡这一刻之后，还会有什么普遍的东西延续。技术帮助了人们确信如此。

但是，后现代性也包含着否定这种相当抽象的不朽性蕴示的日常努力。不管怎么说，始终生活在不朽性的前景之下，无论这种不朽是多么凡俗、多么可怕，都会使生活本身变得极难领悟。如果有理由认为，现代的关系在掩盖终有一朽这一问题上扮演着同样重要的角色，那么同样可以说，后现代的关系也在掩盖不朽性这一问题上出了一份力量。

为了形象地说明这一点，不妨再来看看博尔赫斯的故事。博

---

[1] 可对比同上引，第204页。

尔赫斯故事中的不朽者未能战胜关于不朽性的知识。他们并没有参与那种无穷无尽的社会文化活动，后者不会给沉思万物之终结留出任何时间。他们通过创造《奥德赛》这样壮美的人类文化产品来实现不朽。然而，不幸的是，这些不朽者却为其桂冠而不思进取。博尔赫斯笔下的不朽者有这样一条生活的假设：创造壮美，一次足矣。在他们看来，单一一次创造之举据说就能战胜终有一朽性。或许他们没错：或许他们的文化生产的确意味着他们永远不会死去（那个叫作荷马的个人很可能消失了，但荷马这个名字、符号和反思性永世延续）。但不朽者却完全没有看到，不朽性本身也永远不能受到挑战。博尔赫斯笔下的不朽者是神圣的，但也是可怕的，这恰恰是因为，他们无法不让自己认识到自己生产出来的这种不朽性。

当然，这并不是说后现代性下的社会文化群体真的在什么生理意义上是不朽的。真要这么说他们不朽，未免有些荒唐可笑。作为个体，他们和其他人完全一样，都必然会生老病死（尽管承受痛苦、欲死不能的人是否还有能力维持其后现代性完全是另一回事；这一点容待后续）。说到底，一切生物有机体的命运（尽管有些人试图通过深冻冷藏等形式的技术干预来摆脱死亡的决定性。但这些技术并没有使个体摆脱物化。相反，它们只是将个体置于另一些依赖关系之中。活着的是技术。）

同样，不朽性的可能性也不一定意味着后现代境况就包含了宗教关怀或灵性关怀的某种复兴。它不一定等于说，相比于常常被视为与世界的祛魅同义的现代情境（至少从韦伯以降，这种观点已经成为社会学中的老生常谈），世界出现了复魅之势。后现代对不朽性的暗示其实远比这来得微弱。不过，或许这也因此更加成为一种必须承受的负担。

　　问题在于，对于解释学角度和生存角度上让当下可以具备意义这一关怀而言，这种不朽性具有重大蕴涵。如果打赌认为我死后将不会有任何东西延续还不算不可理喻，那么我在此时此地的生活就不再具有任何终极目标（因为很可能将无法知晓我是否实现该目标，因此也将不可能评判我的生命是成功还是失败）。不仅如此，对被称作历史的那种线性时间的延续性的任何认识都不再显得纯属不言自明。技术的蕴涵和后果（它对社会层面、社会维度和自然范畴所产生的后果）使得任何自信前望的哲学预设或社会学预设都显得很难站得住脚。如此一来，这种特别的不朽性蕴示就将形上的东西化约为生理的东西（即便如此，它也不是真的意味着将形上的东西化约为几近空壳，包容通俗歌曲中那些廉价的安慰或滥俗的深刻）。

　　后现代之所以蕴示着一种不朽性，是因为这种境况的生命与形式的获得（我是在齐美尔的意义上使用这些术语的）都处在末日天启的阴影之下。事实上，末日天启作为可能发生也可能不发生的事情，只有在已经启动之后，在任何反应都就此为时已晚的时候，才能被知晓，这种地位本身就使得它可能带来的威胁更加糟糕。不管这种末日天启可能有着怎样的面目，也不可能确知它是否会真的发生，其实也不可能确知它是否已经开始。（末日天启般的生态灾难已经开始了吗？这几乎是不可能确知的。）

　　因此，末日灾难的威胁具有双重效应。首先，它意味着任何叙事只要是以未来为规划，或者是想当然地接受"人"在一定程度上的无限延续，都属于废话。其次，它增强了后现代境况中所谓的游牧式特征，并为之增添了另一维度。一切未来都有可能爆炸，意味着此时此地的活动没有任何方向，没有任何终极宗旨。但是，这样的活动又必然会持续不断地发生，并且带着毅然决然的热忱。从目的论的观点来看，它毫无用处。但这种无用性永远不会被普遍接受，否则将会导致倦怠（ennui）和失范。如果说这种无用性需要什么，那就是热忱。

唯一可能的就是在当下创造意义。不再可能有任何限定的特性／身份／认同，不再可能有任何限定的意义。也不再可能有任何限定的价值。无独有偶，又是博尔赫斯的故事，精准地刻画了这种情境。他推断道："由于过去或未来的善行，所有的人都会得到一切应有的善报；但由于过去或未来的劣迹，也会得到一切应有的恶报。"他继续指出，"如果从这个角度来看问题，我们的全部行为都是无可指摘的，但也是无关紧要的。没有任何道德或精神价值可言。"（Borges, 1970：第145页）[2]（比较被阿拉斯泰尔·麦金太尔视为盛行于世的情感主义 [emotivism] 境况；参看 MacIntyre, 1985。）

关于末日天启的可能性的想象具有丰富的蕴涵，其中一些在苏珊·桑塔格笔下已经得到耐人寻味的探讨。她注意到，线性时间的观念"需要通过自身的意象来确认自身，那么，我们对当下的事件的反应，就得采取与之相适的计算方式，从事件以投射的、终极的形式表现出来的心智概貌中来确认事件"（Sontag, 1991：第174页）。[3] 比如说，在马克思主义叙事所设定的线性时

---

[2] 中译据同上引，第204页，略有修改。
[3] 中译据桑塔格《疾病的隐喻》，程巍译，上海译文出版社2003年版，第157页，稍有改动。

间中，无产阶级在当下所受到的压迫得到了对未来革命的想象的确认。但是，桑塔格的要旨在于，有可能吁求的不单单是对未来的乌托邦想象，也可能是对未来的敌托邦（dystopian）想象。当然，有关可怕的未来的表征开始质疑线性时间本身的地位。桑塔格提出："这种对未来的观察曾经与某种线性发展的意象相维系，而今我们掌握的知识之多已经超出了任何人的梦想，可这种观察却已变成了一种灾难的意象。"（Sontag, 1991：第175页）[4]

因此，根据桑塔格的看法，未来已经瓦解，融入当下，而当下则变成某种基本难以领会的东西："有正在发生之物，亦有它所预示之物，即行将来临然而尚未真实发生的不能真正把握的灾难。"（Sontag, 1991：第175页）[5] 或者换句话说，未来不再是某种未来。居处在后现代性中的人现在被要求担负起对未来的责任，但他们（也就是我们）却缺乏履行那种义务所需要的资源。

事实上，桑塔格也认识到，末日天启的想象往往会导致在解释和生存的角度上否定末日天启本身。这样的否定可能采取两种彼此相关的形式。

首先，按照桑塔格的说法，"有关非真实的（也就是说，不可把握的）世界末日来临的可能性的报道或预测大量涌现，导致了种种否定现实的反应。"（Sontag, 1991：第176页）[6] 末日天启被宣示的可能性越大，其实就越是会被否定。末日天启之所以不再是唯一能够毁灭一切的事件，就是因为拜所有这一切报道之

---

[4] 中译系自译，可对比同上引，第157页。
[5] 中译据同上引，第158页，稍有改动。
[6] 中译据同上引，第158页，稍有改动。

助，末日天启仿佛从四面八方同时涌来。末日天启碎裂成有关末日的一大堆零星启示（然而按照定义，其实不可能有一种以上的末日天启）。通过深入发展这一见解，桑塔格提出，我们越是担忧末日天启那一刻，就越是势必忘却当下生成的这些恐惧。比如说，桑塔格认为，只有对个体有关核灭绝的忧惧这一现实视若不见，为核武器提出的正当性理据才能成立。生活在核末日的可能性阴影之下，这一现实被人们否认为现实。无独有偶，有一些国家的政府也拒绝承认有关全球暖化的警告的现实，哪怕发出这些警告的科学家们在说全球暖化目前并未发生时，往往能让人相信（当然，这种拒绝承认有很大的政治权宜成分在内）。

其次，末日天启的可能性是通过一系列陈腐化（banalization）的策略而遭到否定的，这样一来，敌托邦的严丝合缝性质似乎就是不可避免的。末日天启成为全然无可争辩的事实。桑塔格接着把话头转向艾滋病问题："对艾滋病的恐惧与对其他正在显露的作为发达社会副产品的那些灾难的关注是一致的，尤其是那些显示全球范围环境恶化的灾难。"她继续写道："艾滋病是地球村的敌托邦先遣队之一，可地球村这一前景已然在目，而且总在眼前，无人知道如何抗拒。"（Sontag, 1991：第178页）[7] 想象地球村的居民由于艾滋病的传播而灭绝，这完全是此世存在的一桩凡俗而令人厌烦的事实。未来已经在这里。对于规定后现代性的生活，它发挥了同样重要的作用。

与线性时间的视域的瓦解同时发生的，是某些叙事的崩溃，它们为社会文化活动提供目标，指点方向，其实也赋予这些活动

---

[7] 中译据同上引，第160页，稍有改动。

看似内在固有或不可避免的意旨。对末日天启那种难以想象的绝对界限的想象，其实就蕴示着某种无界限性的境况。因此，这种想象意味着始终会遭遇到偶然性。对历史目标的界认意味着对某些必然性的界认（比如阶级斗争的必然性，或者是对个人的道德调控的必然性，否则他们将陷入失范，如此等等），与此类似，对这些目标的超越也就意味着对必然性的超越。因此，剩下的就只是偶然性。

不妨概括一下，可以认为，如果说现代性涉及通过形式的物化来埋葬偶然性，那么后现代性就蕴含了通过超越形式而显现出偶然性。不过，在后现代性中的生命斗争还意味着拒绝直面这种偶然的无界限性。

早在于斯曼的短篇小说《顺流》（Huysmans，1952）中，就已经点出了偶然性的这一问题与辩证法。表面上，于斯曼所讲述的故事同时呈现出深切的忧郁和相当的乏味。它讲述了让·弗朗丹（Jean Folantin），十九世纪巴黎的一位收入微薄的文员，如何徒劳无益地找寻一餐美食。小说写的就是这种没完没了却又从无成就的找寻过程中的种种考验与磨难。弗朗丹尝遍了巴黎大街小巷的各类餐馆，但他要找到一块吃得下去的肉、一片还没变质的奶酪的努力却从来不曾实现。如果只看表面，于斯曼的故事并不很吸引人。但这里的关键在于，作者是想让读者把弗朗丹的找寻解读为一种隐喻，说的是在商品交换的都市景观中对生存满足的某种找寻（当然，这正是齐美尔所展示的城市与商品交换之间的密切关联；参看 Simmel，1990。有关作为于斯曼写作背景的巴黎这一特殊情境，参看 Clark，1985 的引人入胜的探究）。

事实上，作为《顺流》背景的那个巴黎，也是波德莱尔的"杂文"(Feuilleton)所描叙的巴黎。这幅由现代建筑构成的景观，属于社会层面上受界限限制的世界。在这幅景观中，被时间和记忆确立为自然范畴的一切东西都要么被转化为一种装饰，要么等待着明天被拆除。在这种全然虚设的情境中，美学和生存角度上受到滋养的机会似乎已经不复存在。取而代之的是转瞬即逝的商品交换关系。

弗朗丹也曾经是波德莱尔式的"都市漫游者"(flâneur)，透过自己的主体凝视(gaze)，构筑都市的生活。但他随即为都市的诸般形式所困。都市的建筑格局与终有一朽性决定了他的生活，规定着他的生活。曾几何时，在以怀旧/恋乡的角度回想的"从前"(这种怀旧/恋乡既对当下表示了谴责，又使当下的生存减轻了几分艰难)，弗朗丹曾经"穿行于那些被遗忘的小巷，那些洋溢着外省气息的破败街道，快活地闲逛，透过一楼的临街窗户，瞥见住在那些地方的人们的私人生活"(Huysmans, 1952：第31页)。但是现在，都市的景观成了一个令人恐惧战栗的地方。所有充满生机的老屋都被某些形式所取代，后者对屋子里发生的事情做出了严格的规定和纪律。"一切都已消逝。不再有堆积的落叶，不再有丛生的树木，相反，目光所至，尽是兵营般简陋单调的房子。"于斯曼接着写道："置身这座新的巴黎，弗朗丹先生无精打采，隐然心痛。"尤其是弗朗丹在生存角度上的病痛，就因为"他这种人憎恶新的店铺类型"(Huysmans, 1952：第31页)。

究其根本，于斯曼并不是在提一个琐碎无聊的观点，说在城里很难找到一餐美食，而是想说，现代性使得对满足的找寻无法实现。不过，于斯曼也认识到，虽然在"尽是兵营般简陋单调的房子"和煤气灯照明的店铺的世界里，对满足的找寻实属徒劳，但却永远不能放弃。反省自己的失败,"弗朗丹先生开始疑惑,这样变来换去是否值得。……但是他决定坚持下去,'如果我继续找下去,总会找到什么的',他这样说,然后继续去搜寻大小餐馆。"(Huysmans,1952:第16页)就此看来,不难把《顺流》解读为一则特别清晰的现代故事,讲述尝试找寻有关事物秩序的真理的朝圣式活动。弗朗丹始终在找寻某种他自信将会在明天找到的东西(而于斯曼的故事中那种忧郁的绝望,正可以归于朦朦胧胧地意识到,明天永远不会到来)。

其实,弗朗丹与包法利夫人颇有几分类似。对于这两人来说,生命的可能性与选择都彻底困于物化了的形式。在包法利夫人那里,形式就在于外省资产阶级那些令人窒息的习惯中的种种约束和期待。而在弗朗丹这里,形式就在于奥斯曼[8]筑造的巴黎城中那些规整有序并能使人有序的建筑。留给这两人的一切就在于某种彻底内在化的、心理上和(对于弗朗丹而言)精神上对于补偿的找寻。但问题在于,现代形式已经获得稳固根基,无论是包法利夫人还是弗朗丹,朝圣基本上都是不成功的(至少可以说,它不能以任何可以复制的方式取得成功)。

就此而言,毋庸置疑,《顺流》这则故事,讲述的就是现代的生存和现代的特性/身份/认同。这是一则经典的现代故事,讲述了找寻(searching),而不是找到(finding)。不过,这个故事之所以另有深意,之所以现在还值得对这个乏味的小故事细究一

---

[8] 奥斯曼(Georges-Eugène Haussmann,1809—1891):法国行政官员,将巴黎从古代格式改建成现代模样的主要负责人,把巴黎许多混杂小街改建成直通的宽阔道路,兼有美学和军事的目的。

番，或许就是因为，它对偶然性的蕴示的处理方式别具一格。诚然，这一蕴示从未被明确表达，但仍有可能把《顺流》解读成这样一则故事，即它将物化了的规定性现代形式推向极致。但于斯曼也是属于现代的主体。因此，他拼命地避免瞥见偶然性，后者处在现代性的界限之外。于斯曼是一位典型的现代人，因为一旦他瞥见了偶然性，就会努力把它掩埋在社会文化活动的重压之下。于斯曼无法承认，至少是没有承认，事物有可能并不必然如此。

尽管弗朗丹坚持着寻找美食的朝圣之旅，但晚餐其实是可以在巴黎的某处找到的。要达到欲望的满足，欲望的完美终结（consummation），并不存在单一途径。并不存在一个未来的确定时间和地点，可以喝上一杯地道的酒。换句话说，于斯曼揭示了这样一种可能性：在弗朗丹所生活的巴黎，根本不存在线性时间。那里也不存在什么特别的地方，供那些非常辛苦地找寻幸福的群体和个人歇息。不存在什么到达之地。因此，在一定程度上，于斯曼笔下的人物所占据的那些空间，所进行的那些实践，都被蕴示为具有多少彻底的但却是灾难性的偶然性。弗朗丹或许会吃到一餐美食，但下一顿就又难说了。他可能会在塞纳河右岸吃到，然后他又可能在塞纳河左岸吃到。没有任何确定之事，没有任何可以保障。

不过，尽管于斯曼的文本证明，无法将瞥见缺乏必然性界认为或理解成以某种方式具有创造性或建构性，但这却展示了文本的现代性。于斯曼完全无法想象偶然性具有什么益处或建构性。相反，因为于斯曼切断了可能缺乏必然性这一逃避路线，他所能界认的就只是个体彻底囿于现代形式。这种受困本身就是对意深渊这一令人害怕的可能性做出的可怕反应。在于斯曼看来，城市或许令人恐惧，但至少这是一种确定的恐惧。

对于规定性的都市，于斯曼唯一能够想象的反应就是基本上接受现代性的表面价值。而他的反应就是一种绝望："他奋力走在归家的路上，眼中的生活阴郁冷酷，一片荒凉；在他眼中，任何变更、冲动或努力都是徒劳；在他眼中，并无一事可做，但凭顺流漂荡。"（Huysmans, 1952：第44页）于斯曼笔下的主人公不再独立践行任何属于自己的历史。相反，他所能做的就只是希望历史将会引导他找到一家好餐馆，以历史自身的理由，在历史自身的时机成熟之时。不过，至少接受历史的规定这一点本身就意味着避免了偶然性。但否定偶然性就得付出代价，那就是不可能建构个体的、私人的线性时间。对于那些只能顺流漂荡的个体来说，时间似乎成了一种单纯而无尽的自循环。过去、现在与未来成了同一的东西，甚至不可分离。而对于那些囿于形式的个体而言，其实根本没有运动。说到底，能够顺流而下的只有历史。弗朗丹最后感叹道："我觉得做起来最简单的事情就是回到那家老餐馆，明天再回到贵羊坊（Ministerial sheep-pen）。"（Huysmans, 1952：第44页）

当大厦的物化形式崩塌，或是被推倒，后现代境况就会极为充分地显现（但这些大厦的崩塌更可能是出于自愿，是由于自身的结构缺陷；像弗朗丹这样的个人几乎不能积攒起足够的能量，为自己做出任何推墙的努力。唯一能够为自己做出某种有重要意义的推墙努力的群体就是反思型知识分子）。伴随着崩塌和超越，偶然性就此显现。赫勒与费赫有着激进的立场，基于新海德格尔主义的理据，认为"每个人都是由于出生这一意外，被抛入一个特定的世界"(Heller and Fehér, 1988：第15页)，从而将偶然性视同为人类境况。尽管如此，他们仍然意识到，文化上存在各式各样的努力，来应对这种偶然性。换句话说，他们大可以提出，于斯曼笔下的弗朗丹这个人物被抛入了巴黎，后者并不是由主观的方式打造，而是以客观的方式建成。不过，赫勒与费赫也可以提出，弗朗丹要战胜偶然性这一事实的种种尝试，乃是现代欧洲城市的局面所特有(甚至为某一座现代欧洲城市所专有)。

根据赫勒和费赫的说法，初生的偶然性(initial contingency)是此世生存的典型特征。说到底，"我们的生物构成或基因赋予中没有任何成分预先决定了我们应当生在哪一个时代，哪一个社会，或是哪一个社会阶层。"(Heller and Fehér, 1988：第15至16页)话虽如此，关键在于，如果哪一个体的位置被界认为在某个方面必然如此，那就只能把社会维度和社会层面的任何存在视为可以维续的。赫勒与费赫提出："前现代世界中的居民动员起庞大的意识形态资源，以庇护有关支配和等级的社会安排，助其对抗有关偶然性的意识。"比如说，亚里士多德就曾指出，奴隶乃是天生，而非后天。因此，他把奴隶的地位变成一种无可逃避的命运(Heller and Fehér, 1988：第16页。当然，这些观点都维系着赫勒关于前现代安排的自然狡计的分析。参看Heller, 1990)。

话说回来，赫勒与费赫也认为，在现代性的安排下，个体的存在经历了某种根本的重新解读。前现代诸形式使用命运观念来说明和解释生活机会，以及在初生偶然性面前个体性的意义何在，而现代诸形式则一般包含着另一种说明，处理被抛入世界的意义。诚如赫勒与费赫所言："曾经的命运，而今成为背景。"他们继续说明道：从现代的视角来看，"如果说出生这一意外将人们抛入某一背景，而不是赋予他们命运的重担，那么无论是生命的可以利用的形式，还是可能性，都不是由出生所决定的。"（Heller and Fehér，1988：第 16 页）

在赫勒与费赫看来，这种情境是可以接受的。他们认为这使个体有机会摆脱一切物化的趋势，转而规定自身的生命。他们称此为"次生的偶然性"，并认为个体"成了可能性的载体，或者极而言之，个体相当于尚未被规定或决定的可能性。一切皆有可能"。稍后，他们又重复了这一观点："人是其生命的塑造者，在这个意义上，成为自我打造的人／男人或自我打造的女人。"（Heller and Fehér，1988：第 17 页）

不妨认为，于斯曼的《顺流》同时体现出赫勒与费赫所提出的现代偶然性分析的长处与不足。可以肯定的是，弗朗丹认为自己的生活是自己打造出来的。而这当然就成了他的生存性问题的根源。弗朗丹被迫依靠自身的资源，来进行找寻一餐美食的朝圣之旅。朝圣的路线是由他自己在孤独的散步中决定的。在弗朗丹看来，在巴黎大大小小的餐馆中寻寻觅觅，为生命赋予了某种宗旨和背景，生命的内容就成了自我规定的东西。那种内容的核心是一种亟需得到满足的缺失感、匮乏感。但这里有一个矛盾基本无法解决：如果内容被填满，那么生命本身将丧失一切意义。恰恰是文明的不适，使弗朗丹的生命蕴涵了意义。或许也只有这种不适，让他的生命可以延续。所以，正是在这一意义上，弗朗丹真正成了一位自我打造的人。当然，这只是于斯曼所描绘的景象的一部分，或许还是不那么有趣的一部分。

《顺流》所传递的信息就在于，置身商品交换的大都市中，作为一名自我打造的人，势必将孤独自处。小说还强调道，当所有个体都不得不依赖其自我，自我构成就是不可能实现的。不仅如此，于斯曼还敏锐地意识到，往昔的自我打造的背景具有重要涵义。他的小说与赫勒和费赫的社会学分析非常不同，明确承认现代偶然性的背景既是一种解释性、虚设性的背景，也是一种物理性、物质性的背景。关键在于，虚设的构造，都市生存的形式，本身就能规定生命（诚如本雅明所言，奥斯曼化意味着"都市漫游者"那种自我规定的偶然性逐渐消失，因为奥斯曼化意味着铲除促狭之地，以便"在柏油马路上研究花草"[Benjamin, 1983]）。

赫勒与费赫提出的视角或许证明了一种视觉上的幻念。被他们界定为现代性之典型特征的那种东西，其实不过是揭启了他们自己所处的后现代境况的原则。实际上，赫勒与费赫的研究之所以如此耐人寻味，就是因为他们被后现代性搅得心神不安，后者正是他们要生活在其间的命运。一方面，他们体会到占据着后现代性的空间所带来的观察现代性的便利视角；而在另一方面，这种便利视角又只是让他们确信，现代性有许多可取之处。被他们解释为现代性之典型特征的东西，其实还不如理解成后现代性的特点。比如说，赫勒与费赫主张，在现代性中，"不单单是个体与其初生'背景'之间的关联成为偶然的，就连背景本身也变成偶然的。简言之，从现代的视角来看，特定的社会安排和制度既可以存在，也可以在同样程度上不存在。"他们进一步指出："我们可以把世界的命运掌握在自己手中。正如我们的未来有赖于我们自己，世界的未来也是如此。"（Heller and Fehér, 1988：第17页）

这个说法看似颇为有理（赫勒与费赫显然认为如此，并基于这个说法，奠立了一种值得大加称赞的此世生存伦理），但可以说其合理之处仅仅在于描述后现代境况。从现代的视角来看，要说制度和安排不需要存在，显然不符合实情。在其讨论法律权威的秘密来源的故事中，卡夫卡界认了一种意义的深渊，就是对这一点的确证。弗朗丹的情况也与此类似，餐馆显然是必须要有的。他的生命乃是基于这样一项必不可少的预设：必然会在某个地方有一顿美食。那些现代人如此不顾一切地致力于让世界变成一个更好的地方，对于他们来说，必须得有一种线性时间，这样，当下的活动才能经过未来的实践和安排而获得完美终结与救赎。只有通过一种特别的怀旧／恋乡，所回想的黄金时代同时指向过去如何美好、如何可能在未来复现，当下的安排才能在解释性和历史性的角度上确立正当化理据。原因很简单，在现代性的形式下，个体性的背景完全无法成为偶然的。恰恰相反，正如于斯曼的小说出色描绘的那样，它受制于物化的趋势，而这样的趋势本身就超越了（至少是掩盖了）存在不同安排的可能性。

只有从后现代的视角出发，现代性的各项安排与制度才会显出偶然性，并因此切实向超越开放，或有了这样的可能性。不仅如此，有关偶然性的分析如果被视为对现代性的描述，就不算是非常透彻的理解。相反，有关偶然性的分析是朝着把握后现代性的反思性迈出了第一步，尽管是犹豫不决的一步。

在后现代性下，个体性的背景与意义会被领会和践行为一种偶然的东西，而根本不是必然的。这就是马菲索里所界认的后现代新部落主义中包含的洞见之一。当然，马菲索里的要旨在于，在后现代性中，新部落民会围绕着角色这一表面呈现汇聚起来。而在这表面之下，并无任何限定的特性／身份／认同，也没有什么单一的历史命运或轨迹。在现代情境中，偶然性的意涵是被遮蔽或否定的；与此相反，马菲索里提出，后现代境况反倒增强了偶变性。比如说，"不难理解，由于大众始终处在活跃状态，在大众中结晶而成的部落也就不是稳定的。构成部落的人们有能力从一个部落移到另一个部落。"(Maffesoli, 1988：第141页)换句话说，群体，或者说部落，作为社会舞台上的角色扮演者，不遵从任何必然性。它们的形成、发育和消失，完全是通过演员／行动者的偶然性参与。

不仅如此，根据马菲索里的看法，这些演员／行动者并不被理解为自主的个体，始终能够、并且越来越能够决定今天是一个样子，明天又换一个样子。(于斯曼的小说往往展现出有关自主个体的现代建构中所包含的问题与可能性。于斯曼指出，这种个体曾经可能是创造者和规定者，但他／她也深陷孤独。)按照马菲索里的观点："个体主义是一种过时的统称，有必要放弃了。"(Maffesoli, 1988：第144页)他(通过非常简略地讨论萨缪尔·贝克特的戏剧)进一步指出："在这里看到了人格面具，这个面具可以变换，最重要的是，可以融入各式各样的场景和情境，它们之所以具有相关意义，只是因为有许多人在展演这些人格面具。"(Maffesoli, 1988：第144页)一切都只是偶然。

从许多方面来看，马菲索里对于偶然性的分析都堪比于赫勒和费赫的观点。但他比后两者更进一步。在赫勒与费赫看来，偶然性基本上是一种伦理上的可能性。他们认为，在现代性下的个体的经验与解释中，世界就是一个"'背景'，是我们不确定的可能性的背景"。就是在这样的已确立世界的背景中，个体力求奉行一种自我决定的伦理，因此也奉行一种倡导偶然性的伦理(Heller and Fehér, 1988：第29页)。所以，这个观点的问题就在于，如果设定个体为自主的人，原则上有能力自我规定，那就意味着赫勒与费赫将个体界认为某种具有"内核"的人或东西，这样的"内核"本身已经超越了有关偶然性的解释学操作。个体在践行偶然性的时候，本身并不需要真的是偶然的。因此，他们往往把自我规定的实践看成是某种朝圣，指向基本属于伦理意义上的满足。

赫勒与费赫宣称，他们"采纳了偶然性的人的立场和关注，这种人一心想把自己的偶然性转化为一种命运"。对于个体来说，这样的转化的发生，"并不是通过单纯需要的满足，甚至也不是通过使自身脱离某一背景，而是通过应对该背景，同时优先考虑满足自我决定方面的需求。"（Heller and Fehér，1988：第 30 页）而马菲索里则绕开了这种对于命运的奉行立场，转而强调偶然性，哪怕是个体的偶然性。赫勒与费赫设定个体生活在偶然性中，而马菲索里则设定一个个体的人格面具，其本身就是偶然的。

按照马菲索里的说法，新部落主义谈的并不是满足、命运或自我规定。相反，要把新部落主义理解为展演"情感共同体"中的角色，而这些共同体本身就具有完全而彻底的偶然性。比如说，马菲索里提出，新部落主义群体是根据时尚风格和外在展示来分类的。他们的典型特点是"外表五花八门的'朋克'、'强人'（kiki）和'帕尼尼客'（paninari），而这恰恰表现了这些群体的内在一致（uniformity）与外在遵从（conformity）"，并且"提供了当代超级大都会所产生的日新月异的景观的具体例证"。（Maffesoli，1988：第 145 页）个体进入这些景观共同体，并不是要寻求满足，而是在这些共同体中被塑造成一种特定类型的情感主体和经验主体。换句话说，我们并不是从街上走进餐馆；而是餐馆将我们打

第六章 他人

造成我们之所是。作为后现代的个体，我们自身就是偶然的，而我们在或不在任意一家餐馆也同样是偶然的（于斯曼笔下的弗朗丹作为一位现代的个体，觉得受到驱力作用，必须造访不同的餐馆；而后现代的个体寻觅的将不再是食物的可口，而是装饰的别致与名人的出没）。

个体性的践行是在构成性的共同体中，而不是在合作性的共同体里。因此，马菲索里试图通过社会交往与新部落主义等概念，把握风格多样、无所不包的偶然性："新部落主义形式多样，拒绝被界认为特定的政治努力，也不遵从任何单一确定的结构，其唯一的存在理由，就是关注集体性生存的当下。"（Maffesoli, 1988：第146页）换句话说，新部落主义蕴示了一种游牧式的情境，特别是一种反复重现的反思性当下的不朽性。

当然，如果否认赫勒和费赫与马菲索里之间对偶然性的本体论地位的看法存在明显的重大分歧，也是不合适的。不过，仍有必要指出，在某种程度上，他们所描绘的后现代境况在空间上颇为类似（也就是说，如果确实接受所谓赫勒与费赫的作品乃是基于某种视觉幻念的说法）。他们都强调要承认偶然性（而不是像现代那样拒绝接受）。不仅如此，他们也都很注意将自我规定的实践和利益置于分析的核心。其间的分歧则在于，赫勒与费赫将自我规定视为由自我做出的规定，而马菲索里则把自我规定视为一种没有穷尽的对自我进行规定的过程。并且，当赫勒与费赫假设，自我规定以满足为目标和宗旨，马菲索里则认为它除了变动频仍地参与情感共同体（据说在相当程度上堪比于康德所说的审美共同体），缺乏其他任何目标。

但赫勒和费赫与马菲索里之间，还有一点隐秘得多的共识。

两者的思路都预设了个体有能力自足地规定自身。他们想当然地认为，个体具备道德资源、解释资源，特别还包括物质资源，有能力践行自己希望的一切自我规定。换句话说，后现代境况的确是以对反思性的某种感知和经验为核心，有鉴于此，它也有一个前提：能促成反思性的那些资源是被想当然认为存在的。简单来说，后现代性预设了某种后稀缺经济（post-scarcity economy）（这里我是在一定程度上仿效福柯，以比较普泛的意义来用"经济"这个词，它的涵义不单单是所谓"经济的"这一技术领域。相反，它意味着生产、消费、分配和交换等各个情境和领域。因此，在这个意义上，完全可以探讨一种道德经济或解释学经济）。

后现代性包含着自我规定和反思性的举措与实践。因此，只有当自我规定的资源已经存在，并且比较容易利用，后现代性才是可能的。比如说，我要想选择以这一种而不是哪一种方式穿着打扮（用马菲索里的话来说，我只能参与这种后现代社会交往网络），就得满足以下条件：首先，对于不同服饰款式的象征体系和文化意义，我占有了准确的信息；其次，我拥有资金或手段来获得必要的服饰；第三，我具备相应的资源（它们既可以以社会文化属性为核心，也很可能以生理属性为轴线），有能力使我被宿主共同体（host community）所接受。如果我参与了道德经济和解释学经济，也同样要求后稀缺状态具备这三点条件。要成为后现代社会文化群体中构成的人格面具，首先就要有能力从琳琅满目的物品中做出选择。

对选择能力的预设，其实也是对被选择资源的可利用性的预设，在那些讨论偶然性的人眼中，似乎成了想当然的东西。然而，不妨说，后现代社会文化群体对后稀缺经济的介入具有深刻

第六章　他人　　　　　　　　　　　　　　　　　　　　　195

的道德蕴涵。而这种蕴涵的核心就是后现代与现代之间的关系。(别忘了,我的意思根本不是说后现代性是一种普遍的境况。我只是想说,占据并展示这种境况的,是那些对自身的存在境况进行反思性解构的群体。有后现代性的地方,也就有现代性。)

如此一来,伴随后现代性的兴起而产生的最重要的冲突焦点就不在这种境况内部(尽管在不同的新部落之间会有冲突;相比于外部的冲突界线,这些冲突就属于暂时性的)。只要有可能界认出一种后现代境况,最重要的冲突界线就在于后现代与现代之间。一方面,后现代群体在一个富足(至少是充分)的情境中,实施着、践行着反思性自我规定这一游牧式活动;而另一方面,现代群体却是在一个匮乏和稀缺的情境中,实施着朝圣式活动。

现代性的朝圣式追寻斗争之所以发生,只是因为对当下的稀缺的感知或其实际存在。说到底,之所以展开朝圣,即从此时此地到彼时彼地之旅,首先只是因为稀缺,为了补足某种匮乏。朝圣式活动意味着社会文化群体或个体方面有某种实际的或感觉到的需要,是他们当下基本没有能力满足的。但是,后现代的游牧式活动却是基于当下资源的富足。后现代性中的群体原则上能够满足一切需要,因此,他们非常缺乏线性时间中的某种宗旨。他们并不需要通过奋力斗争来满足自己的需要,因为用来满足的资源被明确认为此时此地即可获得(尤其是拜技术之所赐,通过某种浮士德式的协约,满足了此前不曾想象的诸多需要和欲望,其代价是技术越来越不受社会文化方面的干预)。

在一定程度上,马菲索里也认识到,正是因为后稀缺经济,后现代性显著地表现出躁动不安,但这种状态却从不曾真正启程去往何方(这正是因为根本没有任何地方,没有单一的地点，可供前往）。马菲索里提出，"慢跑者，朋克族，复古派（retro-look），典雅风（bon-chic-bon-genre），街头艺人，这些都邀引我们进入一个无尽运动的世界。"（Maffesoli, 1988：第148页）不过，城市中的这些人物形象也邀引我们进入一个多元的世界，这一点马菲索里未能予以充分的重视。有些群体或个体始终保持着匮乏，从那种匮乏的长期性的角度来界认自身，并被其他群体或个体所界认（也就是那些从限定的特性/身份/认同的角度得到解释和理解的群体或个体），他们基本没有能力平等参与后现代性的世界。

如果说后现代性是建立在富足的基础上的，那么后稀缺的情境要想维持，也只能通过故意拒绝接受包容他人的诉求。某些社会群体的后现代性要想维续，就只能以作为潜在竞争者的其他群体持续困于稀缺境况为代价。换句话说，只有那些被排斥在后现代境况之外的群体再生产出必不可少的终有一朽的生产，后现代境况才能再生产其不朽的消费。

话说回来，即使现代群体并没有被成功地排斥出后现代性，他们也不太可能具备自主进入茫无定向的丰饶世界的能力。有些群体始终坚持有关匮乏的特性/身份/认同，并因此坚持朝圣的特性/身份/认同，大致根据这样的定义，他们不太可能成为后现代式的群体。当然，这种缺乏能力的状况在很大程度上是因为，朝圣式追寻在逻辑上是不可能实现的。但它也是因为朝圣者本身其实不具备偶然性。究其根本，有些社会文化群体始终困于稀缺，这种困境甚至可能是不可避免的。这些群体受到这样那样的物化的严格规定，几乎没有任何空间能够容留哪怕是一丝的机会，让他们可能具备或养成反思性的自我规定性。

可以界认出困于稀缺的两点主要原因，可以称之为物质原因和污名原因。两者都有必要探讨一番。

马菲索里在尝试界认典型的后现代部落的时候，往往会谈论都市类型的慢跑者或街头艺人。关键在于，这些类型的部落控制着自身所处的都市环境。对他们来说，城市已经变成一座想当然接受的家园，一种次生自然，以至于它可以成为一条跑道（但观众是谁？运动员又是谁？）或是一座舞台（但演员是谁？观众又是谁？）。但城市里也居住着一些不能控制其所处都市环境的群体。这些群体往往缺乏资源，以便按照自己所愿来打造所处环境。相反，他们从中体验到的往往是单纯的不安。这些群体的典型代表就是无家可归者和穷人，在物质上困于其需求之中。这些群体深陷于稀缺的边缘。他们并不寻求满足社会角度建构出来的匮乏，而是要满足生理角度强加的需求。

穷人和无家可归者在物质角度上没有能力通过其自我规定的举措，拥有属于他们自己的后现代性（尽管他们可能对后现代的意识产生了相当的影响，但他们除了成为通俗音乐录影带中的背景，其实或许并没有多大影响），至于其原因，自马克思和恩格斯以来，大家就都心知肚明。说到底，正如马克思与恩格斯在《德意志意识形态》中一针见血地指出的那样，"人们为了能够'创造历史'，必须能够生活。"他们紧接着指出，"但是为了生活，首先就需要衣、食、住以及其他东西。"（Marx and Engels, 1970：第48页）[9] 就此而言，甚至可以认为，都市的穷人与无家可归者已经被推入一个前历史的、前现代的阶段，因为如果说他

---

[9]　中译据《马克思恩格斯全集》第三卷，第31页。

们有能力满足物质生活的需求，绝不是不言自明的。因此，后现代境况的生活是与前现代和现代并存的。实际上，扩而言之，后历史、历史与前历史等几种境况似乎是并存的。

贫困的朝圣者完全没有能力践行反思性，更不会处在赫勒与费赫所说的那种偶然性境况下。原因就在于他们恰恰相反，处在物质的直接需求的境况下。因此，他们不能对自己的生存做出自己的规定。恩格斯在马克思墓前的演讲中指出："人们首先必须吃、喝、住、穿，然后才能从事政治、科学、艺术、宗教等等。"（Engels, 1942：第 16 页）[10] 至少可以说，不幸的是，讨论后现代性的文献汗牛充栋，却显然都无视这极其简单、极其有力的观点。后现代性的悲剧与伦理问题在于，后现代群体如何能够应对都市中其他某些居民的前历史，对维持这种前历史，后现代群体是有其直接的利益所在的。

当然，这就假定后现代群体是希望去应对前历史和历史的继续延续的。至于他们有没有应对，能不能应对，绝不是不言自明的事情。从许多方面来看，他们的偶然性的前提条件，当然还有这种偶然性所需物质资源的可用性的前提条件，恰恰在于那些资源在他人那里的匮乏。在相当程度上，甚至可以说，正是因为穷人和无家可归者没有能力从事艺术、政治及其他一切形式的自我创造，提供了无一例外的标志，让偶然性能够被作为偶然性知晓。我之所以具有自我规定性，并且知道自己如此，正是因为我可以看着那些他人，看到如果生命被物化为物质需求，会成什么样子。如果没有他人，我可能都不知道自己会成为一种游牧民，

---

[10]　中译据《马克思恩格斯全集》第十九卷，第 374 页。

在无尽循环的彻底的消费狂欢之中，游移于部落与部落之间。他们的生存直面单调的不安和物化，而这样的生存却有助于构建我的创造性和反思性。正是他们外在于后现代的位置，使我们有可能知晓内部是什么样子。

实际上，穷人与无家可归者作为处在后现代境况之外的他人的命运还在趋于恶化，因为他们也是困于稀缺的第二种形式的主体。通过污名化（stigmatization）策略确立朝圣式活动和特性／身份／认同是一种徒劳无益的斗争，而和其他众多群体一样，穷人与无家可归者也深陷这种斗争的困境之中。通过这种污名化，某些社会文化群体被标记为不光彩的、有缺陷的、不充分的，因此沦为消极被动的客体对象任凭赋予意义，而不是独立创造意义的主体。

对污名的社会学意涵的探究，始作俑者要算是欧文·戈夫曼。戈夫曼指出，污名会被赋予某些特定的个体、群体或是属性，从"正常的／规范的"（normal）期待的视角来看，这些个体、群体或属性被界定为丢脸的。他的分析开始先是方法论陈述："社会确立了将人范畴化／归类的方式，以及一套被视为每一范畴的成员普通、自然的属性。社会场景确立了有可能在该场景中邂逅的人的范畴。"（Goffman, 1968：第11至12页）戈夫曼有一句话非常清楚地点出了污名的基础："因此，所谓污名，其实是属性与刻板印象之间一种特定的关系。"（Goffman, 1968：第14页）

戈夫曼的分析推出了一个命题：在那些期待后现代性成为何谓正常／规范（这里的正常／规范，既指有关社会关系的期待，也指参与者的属性）的分类基础的人看来，社会维度和社会层面都是基于物质上或解释学上的富足。后现代性的社会场景强调的是，在物品、观念或风格的市场上做出的选择纯属偶然。这一切都可以解释为有待消费的商品，而不只是能够满足物质需求的物质资源。据说，在正常／规范情况下，后现代的市场位置的占据者，必须是有能力做出选择，有能力自己规定自己的生活，基本摆脱任何物化。因此，任何群体或个体，只要被解释为具有丢脸的属性（这些属性无一例外的意味着物化），从后现代性的角度来看，就是被污名化了。他们被排斥出后现代正常性／规范性的领域（至少可以说，在购物广场是很难找到一个乞丐的）。就这样，他们被规定为、也因此被呈现为不具偶然性。

具有贫困之类的某些属性会导致污名化，而这种污名化又使那个群体更没有能力融入后现代性。他们深陷于某种不充分性，这样的状况构成了几乎严丝合缝、无法逃避的双重约束。"在我们的想法中，他就此从一个整全的、寻常的人，被化约为一个有污点的、打折扣的人。这样的属性就是污名……它构成了虚拟的社会特性／身份／认同与实际的特性／身份／认同之间的特定差异。"（Goffman，1968：第13页）

污名的重要性，以及它对蒙受污名者的社会参与的可能性所造成的影响，桑塔格也都有所探讨。她讨论艾滋病病毒的隐喻建构的作品显然借鉴了戈夫曼（她也承认了这一点）。但她也提出了属于自己的深刻洞见。她特别揭示了与艾滋病病毒有关的隐喻是如何导致对于艾滋病患者的污名化。桑塔格就此通过个案研究，考察如何建构非偶然性，从而建构了被后现代性的排斥，建构了对后现代性而言的不充分。不过，鉴于她谈论的有些东西可能会让那些未给予充分关注的人深受震动（研究似乎表明，我们当中其实并没有多少人真正有此关注），桑塔格也有助于人们认

第六章　他人　　201

识到，个体作为后现代参与者的地位也不是一成不变的。恰恰相反，后现代性的状态是可以取消的。或者换句更直白的话说，晚期病人就被扔出了后现代性的情境。他们的疾病把他们规定为非偶然性的，因此从参与后现代性的前提条件的角度来看，是不正常的（这又增强了那些处在"内部"的人的不朽性）。

由于后现代性在根本上强调了自我规定和反思性，所以，无论在解释学、道德还是个人的角度上，艾滋病都是一种特别严重的问题。它将特性／身份／认同和意义强加给个体。得了艾滋病的人在社会的角度上被污名化为某种特定的（因此也是物化的）个体，始终尝试掩盖自己存在的真相。艾滋病蕴含着某种限定的特性／身份／认同。这样的污名化意味着一切自我规定的举措都遭到否定，被视为无非是对于更深层的偶然性匮乏状态的不合法掩饰。对此桑塔格说得非常清楚。她写道："这种疾病暴露出了一种特性／身份／认同，而后者原本是对邻居、同事、家人和朋友隐瞒的。"（Sontag, 1991：第 110 页）[11] 根据桑塔格的说法，"事实上，就目前大多数病例而言，患艾滋病的人被发现正好是某个'高危群体'的一员，某个贱民式社群的一员。"（Sontag, 1991：第 110 页）[12] 而成为某个"高危群体"的一员，就是被规定，而根本算不上具有自身偶然性的规定性主体。"艾滋病被以前现代的方式看待，……也使那种以所发生的疾病来判定共同体之腐败的陈旧观念得以复活。"（Sontag, 1991：第 132 页）[13] 这种判定当然

---

[11] 中译参考桑塔格《疾病的隐喻》，程巍译，上海译文出版社 2003 年版，第 101 页，有改动。
[12] 中译参考同上引，第 101 页，有改动。
[13] 中译据同上引，第 120 页。

有赖于物化的指派。

尽管穷人和艾滋病患者在其他方面存在重大差异，但他们除了都蒙受污名化，还有一点共性。他们都像是社会性、世俗性的朝圣者。穷人和无家可归者追寻着历史的前提条件（而后现代群体一切都已在握）。与此同时，艾滋病患者也像是朝圣者。但他们的朝圣之旅却具有两面性。他们要么像行进在终有一朽之路上的朝圣者，要么像行进在技术进步之路上的朝圣者。他们都在前往某处。

这里，我的意思并不是说，就只有艾滋病与贫困这些领域刻画了现代性与后现代性之间的分界线与冲突线问题。我也不是要说，污名化和非偶然性等后现代实践的其他背景都是不重要的（比如说，社会性别和种族都是非常重要的议题。有关社会性别与后现代性之间的关系，Nicholson, 1990 的讨论尤有助益）。我只是比较审慎地提出，有关穷人和艾滋病患者的议题特别有力地刻画了一系列困境和难题。而这些难题主要是道德方面的。它们的核心问题就是后现代与现代之间，甚至很可能还包括与前现代之间关系的性质。后现代、现代与前现代在文化上、物质上和解释学上所占据的情境往往非常不同，但在空间意义上，它们却常常是比邻而居（自二十世纪八十年代早期以来，不管是谁，只要在伦敦走上几条街的光景，就能充分了解到这一点）。问题在于这种矛盾如何能够得到解决，这些各自歧异的情境又如何能够共处。不过，考虑到后现代的势力强大，控制着道德、物质和解释学上的富足资源，这些难题主要应该由它来考虑。

可以说，后现代的社会文化群体有能力通过三种策略中的任意一种，应对前现代和现代的存在。他们要么选择灭绝他人，要么选择宽容，要么就是理查德·罗蒂所称的"自由主义的反讽主义"(liberal ironism)(Rorty, 1989)。在现代境况下，或许有可能存在第四种选择：同化(assimilation)。然而，在后现代性的境况下，出于各式各样的原因，同化并不是一种切实可行的选择。首先，显而易见，具有朝圣式特性/身份/认同的那些"外部群体"缺乏足够的资源，能使他们维持并再生产出自己曾经拥有的后现代性。其次，这样赋予的后现代性其实会增强他们的污名（"我们必须施舍他们，他们没有能力自己去挣"）。第三，同化之所以不可能，只是因为后现代特性/身份/认同中不存在任何超越性的坚固核心可供同化。根据定义基本可以说，后现代特性/身份/认同变化频仍，速度也快（至少可以说，它们原则上可以如此变化），因此，任何同化都将很快变得过时、多余。

不仅如此，后现代群体其实并没有能力在生理上灭绝前现代他人和现代他人（尤其因为正是这些他人，在很大程度上孕育着充满富足与偶然性的后稀缺经济的资源）。当然，灭绝也远远算不上一种合乎道德的行动路线。有鉴于以上两点，只能通过宽容和自由主义的反讽主义这后两种选择来处理有关他人的问题。

关于宽容的意义与局限，苏珊·门杜斯已经做了有益的探索。在《宽容与自由主义的局限》这部杰作中，门杜斯提出，宽容是以多样性为特征的社会、文化和道德情境中的一项典型议题。在这样的情境下，每一个群体都会留意到一些做法和态度是自己虽然不赞同，却必须学习如何与之共处的。换句话说，宽容是某些特定的道德背景中的议题，其中无论是灭绝还是同化，都不被视为合法的选择，更不用说是值得欲求的选择的。不过，宽容也意味着一种积极主动的放任自流，意味着一个群体如果选择去改变他人的活动，它是有能力实现这一点的，只是它并没有选择如此。诚如门杜斯所言："在适用宽容的环境中，存在着与不赞同、不喜欢、不舒服相伴的多样性，而持宽容态度的一方是有力量影响被宽容的一方的。"（Mendus，1989：第 20 页）

在这里，门杜斯所提的观点和我一直试图概括的后现代境况非常契合。诚然，后现代的社会文化群体并不赞同或不喜欢居处于前历史和历史境况下的人的生存状态（也就是说，后现代对于前现代和现代是不太喜欢的）。同样，后现代群体如果真想影响前现代和现代群体，也是可以办到的。比如说，从纯粹实践的角度来说，让所有无家可归者都住进屋舍，或者把所有无家可归者都遣送到别的地方，让伦敦的街道"整肃一新"，这都是可能办到的。但是，止像门杜斯所强调的那样，这里存在一种"宽容的悖论"，其核心的难题就在于"宽容的一方如何可能认为，对道德上错误的东西抱持宽容是一种好的态度"（Mendus，1989：第 20 页）。

正是在这一点上，门杜斯的观点可能不再适用于后现代的道德情境。很显然，门杜斯假定，对于那些被视为错误或不当的活动与做法，宽容的一方确实是关注到了。然而，实情是否如此，颇可怀疑。实际上，要是说后现代群体之所以放任前现代和现代群体，只是因为那些处在外部的群体无人关注，似乎还更有道理一些。从后现代的视角来看，它们根本就没有被界认为做出紧迫的道德诉求的主体。

因此，无家可归者就这么被放任在伦敦的街头生活，死去，原因首先在于，他们并没有被界认为与我们属于同一个世界（后现代性意味着，地理空间上的同时占据并不等于说道德空间和社会空间上的同时占据。这在人类历史上或许是第一次。约纳斯提到过的城墙其实只是被某些人超越了）。无家可归者属于另一个历史世界的成员。其次，无家可归者之所以不被关注，是因为他们被否定拥有脸面。后现代的旁观者能够看到的就只是一团破衣烂衫，或是一个讨到更多钱的借口（因此，在这里，无家可归者和赤贫者被视为蕴示了回归霍布斯笔下的自然状态）。桑塔格也曾写道："我们对人及其尊严的看法，有赖于脸部与身体是否可能分离，有赖于脸部是否获免于或自我免于身体所受的遭遇。"（Sontag, 1991：第126页）[14] 但是，如果脸面被化约为只是身体的某种表达，或者根本就不被看到，那么没有脸面就成了废人（non-person），成了根本上没有尊严的人群。（伊曼纽尔·勒维纳斯也强调过脸面在伦理上的重要性；参看 Levinas, 1988：第168至180页。）

因此，究其根本，后现代人群之所以确实或者可能在不怎么关注前现代和现代人群的情况下抱持宽容态度，只是因为那些有关物化和需求的表达没有被关注，当然也就不曾被建构为具有重要关联。如此一来，后现代性的这种放任，甚或是其多元性本身，都不一定表示善意地接受多样性、自我规定和个体自主（它并非不言自明地可以衡量，是否出现了某种伦理外壳，以庇护赫勒与费赫等论家所强调的那些绝对律令）。恰恰相反，它很可能证明了道德上、解释学上和社会层面的短视。

罗蒂的实用主义中所谓自由主义的反讽主义，或许能够更好地理解遭厌恶的他人的生存对后现代人群所具有的蕴涵。罗蒂

---

[14] 中译参考同上引，第115页，有改动。

为了说明自由主义的反讽主义的意思，把这个词分成两个部分。他指出："自由主义者乃是相信残酷是我们所作所为最糟糕的事的那些人。"与此同时，反讽主义者"认真严肃地面对他或她自己最核心信念与欲望的偶然性"。因此，罗蒂把这两个定义合在一起，提出"自由主义的反讽主义者的这些无基础的欲望当中，包含了一个愿望，亦即希望苦难会减少，人对人的侮辱会停止"（Rorty, 1989：第 xv 页）。[15] 换句话说，自由主义的反讽主义意味着奉行减少残酷这一道德立场，但又承认这样的减少并无任何先验基础。自由主义的反讽主义是一种伦理主体性，知道自己会随时间、地点以及罗蒂特别看重的辞汇等具体情境而变。

至此来看，罗蒂的提议很可能用来有效地克服后现代性与其他一切之间的分隔与冲突。当然，对于居处在后现代性下的人来说，罗蒂的思路依然适用于他们的地位与性质。他似乎奠定了基础，让后现代社会文化群体有可能留心他人，将他人界认为具有重要关联。有鉴于此，罗蒂的自由主义的反讽主义很可以算一种值得欲求的态度。但它在实践中的蕴涵却似乎颇为有限。

关键在于，自由主义的反讽主义者希望减少人与人之间的侮辱，减少人对人的残酷。但这就预设了贫困之类的现象确实被视为某种侮辱。当然，我并不是说贫困算不上一种侮辱，但绝不能不言自明地说，贫困是对自由主义的反讽主义的一种冒犯。例如，某些哲学家和经济学家（令人震惊的是，他们无一例外都是生活富裕）认为，贫困是一种很能催人奋发的境况。在这些人看

---

[15] 中译据理查德·罗蒂《偶然、反讽与团结》，徐文瑞译，商务印书馆 2003 年版，第 6 页。

来，贫困算不上一种侮辱（至少可以说，就算是一种侮辱，其实也是件大好事，因为它使人们重新投入辛勤劳动和事业打拼）。

如此一来，如果说自由主义的反讽主义是后现代人群可以使用的方式之一，用来塑造与前现代人群和现代人群之间的道德纽带，认识到这两类人与自身之间的道德关联，那么它也意味着增进偶然性。说到底，自由主义的反讽主义本质上无非是一种选择：我之所以认为贫困具有侮辱性，就是因为我选择这么认为。而这种选择的基础就在于我自己的想象力的跃迁。这里没有任何必然因素。正因为这一点，罗蒂才会不惮篇幅地谈论小说而不是哲学。在他看来，只有通过小说，我们才可能做出富于想象的关联，而这样的关联正是必须自觉打造的人类团结的基础。小说是想象的工具，因此也是超越的工具。基于这样的解读，人类团结并非等待发现的东西，而是必须努力打造的东西，其基础就在于努力以类似看待自己的方式来看待所有他人。罗蒂笔下的自由主义的反讽主义就是"持民族中心主义的'我们'（'我们自由主义者'）致力于扩充自己，创造更大更复杂多样的民族。而'我们'这些人的成长一向是被教育不要信任民族中心主义的"（Rorty, 1989：第 198 页）。[16]

诚如罗蒂所言，或许这是所有居处在后现代主义下的人可以说的伦理律令："我们应该……时时刻刻注意发掘被边缘化的人们——亦即我们仍然本能地归诸'他们'而非'我们'的那些人。我们应该设法留意我们和他们的共同点。"（Rorty, 1989：第 196

---

[16] 中译参考同上引，第 280 页，有改动。

页）[17] 但是，后现代境况在社会学角度上的压力与趋势似乎意味着，"我们"并不会注意到"我们"和"他们"之间的共同点。毕竟，"我们"不再真的知晓"我们"是谁。就连"我"是否知晓"我"是谁，也很可怀疑。这也是偶然性的标志。

---

[17] 中译据同上引，第277至278页。

第七章　结语

本书的构建主线是一项命题最初的预设及其后的蕴涵的发展。其预设体现出在展开研究时，尝试把切入点定在齐美尔所界认的那种现代文化冲突的叙事（然后我又将其界认为具有代表性的现代性阐述中的一项共同主题）。我一直想点明，如果要让齐美尔有关形式与生命之间冲突的讲法具有更加充分的社会学意味（尤其是通过重新解释被称作生命的神秘品质），如果把这种冲突解读为反思性的求知意志与更倾向于物化的求定意志之间的冲突，那就有可能从某个角度说明后现代性的利害关键与明显特征。不过，也应当强调，我所给出的有关后现代性的阐述应当被解读为关于后现代性的一个故事，我绝无意于妄称这是唯一真实的故事。

基于这一预设而发展出来的命题就在于：其实不能把后现代性理解为一种充分成熟的自在的境况。恰恰相反，如果说后现代性只是现代性的冲突的一种表达，并且，如果说后现代性因此成为批判现代性的一个切入点，但又有赖于现代性，那么后现代性就可以说是一种属于超越的境况。就其本身而言，通过一系列明确、典型的特征来概括它是没有多少帮助的，甚至毫无意义。它完全就是在克服某些特定的制度、安排和关系，它们曾经经由现代性的物化趋势，被提升到次生自然的地位。

不过，现代性已经背叛了这些物化趋势。它们体现出众多多少可谓绝望的努力，试图避免自然狡计遭到解构后可能出现的意义的深渊。这里的关键恰恰在于，实际上，如果要让生命在生存角度和解释学角度上都成为可能，那么就必须不惜一切代价来避免意义的深渊。因此我认为，无论是后现代性，还是后现代境况，都只能以辩证的方式来理解，基于它试图以反思性的方式解构和克服的所有那些属于现代的东西。

从更加具体的解释学角度来说，这意味着可以认为，后现代性蕴示着超越一切现代确立的普遍性。前历史境况、历史境况与后历史境况共存一时，意味着现代的诸般想象和范畴（比如"社会"或"进步"）曾经拥有的普遍性已经遭到了根本性的挑战。所谓能够以同一项普遍标准来理解单一"社会"中的全部主体和公民，这一点已不再是不言自明的了（就算曾经如此）。不管怎么说，诸如"社会"之类的想象，最重要的蕴涵就在于对受界限限制的排他性共同体做出界认并落实。"社会"这一想象无一例外地倾向于将具备社会交互性的共同体等同为地理区域。这样的话，它就往往确立了一种内部同质的"我们"，与外部异质的"他们"相对，也就是敌友之别。但是，后现代性的某些蕴示又恰恰意味着这些普遍项已经瓦解了。异质性因素从外部移往内部，普遍性想象所预设的那些限定的特性／身份／认同，似乎都变得流变不居了。至于那些普遍性的想象和标准，显然也都被特殊项包容了。但是，这些特殊项之所以拥有它们目前所有的这些特征和力量，也只是因为它们榨取了现代性所明示的那些普遍性产物，并对后者发出了挑战。

即使某些特定的风格或态度可以被标示为后现代的（哪怕只是因为缺乏其他任何合适的标签），也可以说，后现代性作为一种社会世界和文化世界，本身基本上什么也不是。它肯定不像是有些热情倡导者所宣称的那样，称得上社会文化安排上的"大转变"（The Great Transformation）。

这样的预设与命题要想真正说明为什么本书其实大谈特谈现代性的种种难题与矛盾，却对后现代性本身惜墨如金，或许还有很长的路要走。事实上，我讲的这个故事尽管明确宣示了它的宗旨和主题，却似乎始终在后现代性这个问题周围绕圈子，并不曾真的去接近它。但这在很大程度上或许是不可避免的。要谈论后现代性，就要谈一系列的缺席和超越。后现代性是对处在现代性内核的某种辩证冲突的反映和表征（这种冲突在许多方面看来其实是现代性的本质所在，至少可以说，常常是对于现代性的一些最精妙的思考中核心的困境）。就此而言，要对后现代性做出理解和解释，就只能去看现代的诸般形式和安排都发生了什么变化。

但是，这又产生了或者意味着另一个问题，即后现代性在何等程度上意味着社会学作为一门智识学科已属冗余。这处难题或许还意味着，社会学作为一种开启通往自由之路的方式，也已经属于冗余（然而这样的道路是无法在沿循此路的旅程展开之前就被标示好的）。

关键似乎在这里。社会学作为一门包含解释学考察和反思性的学科，其前提是能够对社会维度和社会层面的情境有所知晓。而这种知晓（努力回答"发生了什么？"这样的问题）又得预设，甚或是积极地要求，一套规则有序的、从而是受界限限制的意义与可能性。比如说，首先必须能够想象一种受界限限制的关系情境，在一定程度上独立于其他任何想象出来的被称作"社会"的

第七章 结语

情境，才有可能发展一种关于被称作"社会"的某个实体的话语。从某种程度上讲，之所以有可能知晓德国之类的"社会"的关系和过程，只是因为那个受界限限制的世界有别于被称作法国"社会"的另一个世界。

然而，后现代性在本质上就是对界限的超越，这是它的固有特征。它表征着那么多解释学上、物质上和道德上的事业，要超出现代的诸般想象与实践中所诉求的那些实体。因此，究其根本，后现代性意味着力求超出社会学话语的前提条件，这就意味着超越社会学本身的各种承诺与可能性。

当然，在许多人看来，这很像是后现代性可能意味的繁杂难题中最不急迫的一个。一切该说的、该做的都完成之后，相关的议论或许才会有某种正当性，相比于饥荒和技术灾难之类的话题，对社会学之未来的思考很是琐屑。但从许多方面来看，社会学的遭遇也很可能是社会文化关系的遭遇的征候，是社会文化方面自我规定努力的遭遇的征候。

关键在于，即使社会学常常显得那么有欠成功，那么单调乏味，它总归算是对世界的说明。它在根本上是以下述命题为基础的：社会文化事件是可以从社会文化的角度切入，得到说明和理解的。社会学在如此直白而冰冷的信念中怡然自得：尽管或许存在具有相反意味的趋势，但众生男女其实是可以独立自足的。这个世界当然可以成为我们想要它成为的那个样子，但那也就意味着，我们毫无借口。

因此，所谓做（practise）社会学其实就是，或许更好的说法是可以是，练习（exercise）如何大大丰富社会文化方面的可能性。如果我知道一桩事件为何会发生，或许也就能够说它并不一定非得发生，或者未来可能发生其他事情。我大大丰富了世界的意义，因此我是在创造自由。但这一切都要求我们可以诉诸某种受界限限制的情境，甚或更重要的是，某种限定的特性／身份／认同，针对这些东西，我们才有可能知晓"发生了什么"。而后现代性所挑战的正是构成认知的这些要素。

但这样一来，也完全可能意味着后现代的社会交往这个领域成了不再能被说明的东西。如果说社会学不再可能，那么自由和反思性或许也同样不再可能了。

行文至此，我已经阐述了后现代性对于所谓"解释性社会学"（interpretive sociology）的蕴涵。但对与之相反的所谓"立法性社会学"（legislative sociology），后现代性也有其严肃重大的意味（有关解释性方式与立法性方式之间的差异，详参 Bauman, 1987）。社会学与现代性的诸般假设及自我意象之所以有如此深层的纠缠，正是因为社会学以其"社会""秩序"之类的范畴，能够孕育充分的解释学资源，使人们有可能避免意义的深渊。而这种避免所采取的形式，就是对往昔社会维度和社会层面的种种法则与规律性的界认。被界认的规律性只限于受界限限制的特定情境，据说将逐渐融入自然狡计遭到解构后留下的虚空。有鉴于此，甚至可以说，现代社会学有能力成为祛魅后的文化的魔神（不过它只拥有这种能力，现代性的那些最引人入胜的故事中，有一个讲的恰恰就是社会学，尤其值得注意的是社会学家本身，在将自身树立为新的价值供应者的时候，为何以及如何证明是如此令人称奇并且始终如一地无能。究竟是因为社会学不言自明的能力在宣示的时候还不够大声？还是因为社会学家要么不被人看好，要么不太擅长吼叫？）。

第七章 结语

无论是解释性的还是立法性的，现代社会学都致力于思考并理解那些已经发生了的事件。事实上，拜线性时间给人的确信感之所赐，社会学也被视为有能力界认那些未来确实应当发生的事件。社会学通过对当下做出说明，并将其与某个过去及未来相联系，为世界创造了新的意义。不仅如此，在将解释学活动转变成反思性的旨趣方面，那些本质上相互扞格的社会学知识与真理发挥的作用毫不逊色。社会学的关键正在于，尽管社会学家及其知识产品表面上充满自信心与确定性，但在这门学科内部，绝对的共识是不可能形成的。而这种不可能反映了一桩事实：社会学并非某种上帝之眼一般的事业（虽说有太多的人宣称的恰恰相反）。相反，斯蒂文·卢克斯一针见血地指出，要做社会学，等于也连道德的、哲学的、历史的配件一道买进，而它们很可能完全无法相互通约（这或许也是其他方面都有些呈现出两极对立态势的所谓"两种社会学"景观都试图把握的要点之一。参看 Lukes, 1981）。

甚至这些还不够，社会学如果宣示其具有科学性，意味着这项事业也会受制于韦伯所确立的那种天职之路，虽说这些宣示往往空洞无物，或是毫不相干。因此，除了道德层面和本体论层面上的不可通约，社会学还好像搭上了贼船，过去那些由社会学确立的确定性，现在都逐渐被推翻了（如果社会学被扯上了启蒙运动更具哲学意味的命运，也有基本相似的意味。在康德看来，究其根本，启蒙运动就意味着没有任何东西必须被视为理所当然；那么从逻辑上讲，这也包括了启蒙运动本身早前的成功。参看 Kant, 1970）。

诚然，社会学就这样建立在一堆至少可以说导向歧异的思想根基、解释学根基与历史根基上。无论是过去、现在，还是未来，这门学科都让人抱持希望地维续着，但在根子上也从未稳定过。然而，尽管有这些复杂而重要的分歧，它却依然可以有所概括。如果说现代社会学就是建立在利奥塔曾出色阐述的两个立场上的，也算不上很不合适（虽说他谈的是另一样东西：艺术。但在审美的角度上说，社会学与艺术或许并没有太大不同。参看 Lyotard, 1984。我也曾尝试就现代社会学的审美维度有所阐述，参看 Tester, 1992a）。

利奥塔有言：这种"思想牢牢把握住所接收的东西，力求确定已经被思考、撰写、描绘或社会化的东西，以便确定还有什么被以上所遗漏"（Lyotard, 1984：第37页）。他这句话很可以揭启社会学的核心假设之一，虽然他本意并不在此。如果把这一说法用于社会学，完全有理由认为，它意味着社会学谈论"日常生存的现实世界"（或者可以给出的其他任何本体论所指），正是为了揭示事情可以不必是现在这个样子。具体对于现代社会学叙事来说，这无一例外地意味着存在以下假设：盛行的、现存的种种安排原本可以比现在更好一些。事情都尚有改善的余地。至于改善的意思是什么，有赖于社会学事业是立法性的还是反思性的（也就是说，要看追求这项事业是基于求定意志还是求知意志），有赖于社会学家一同买进的道德配件。尽管如此，通过牢牢把握"所接收的东西"，也能证明，事情原本可以比现在更好。

这头一个立场就导出了第二个。如果大家认为，确实有些原本可能的事情未能发生，或者有些可能性未曾实现（至于"无产阶级文化大革命"，当然算是一种通常实现不了的可能性），那么同样可以说，不可能对社会维度和社会层面做出任何定论（当然，这些反事实推论的地位根本算不上清楚。从社会学的角度来看，似乎有理由认为，反事实推论的真理内容有赖于针对现存安排所做出的解释学和道德上的批判。它们的真理来自于此前对实存的东西的关注）。

利奥塔的主张是，对于"发生了什么？"这一问题，不可能得出任何确定性的答案。如果说对实际的、现存的东西的思考使人们意识到，还有别的什么东西也可能适用，那么就完全不可能说出任何定论，因为只有别的什么东西真的已经发生，才能确立定论。但即便是这样的定论也是无法言说的。不管怎么说，始终会有现存的东西，因此也始终会有别的什么东西。或许利奥塔的概括失之宽泛，但他下面这一阐述却是意义重大："所有的智识学科和制度都想当然地认为，并非一切都已经被叙说、撰写或记录，已经听到或说出的并非定论。"（Lyotard，1984：第37页）

尽管如此，关键还是在于，要想让人们始终认识到，有可能存在不同的安排、不同的事件、不同的世界，首先就必须要能够界认出某种可以说"已经发生了"的东西（也就是说，要有可能采用一些范畴，促成对某桩事件的理解的表征），其次要能够发展出对于某种替代选择的想象或表征。换言之，用这些条件来看现代社会学的事业，只有能够构建、界认出一些界限，赋予"发生的事情"以位置、意义和方向，才能说明现存的东西，也才能吁求另一个更好的世界。实际上，社会学只有能够从某种一定程度上摆脱界限的位置出发来看被构建的界限，才能够对这个世界抱持批判立场（也就是说，才能说"这不好"，但即使选择如此评判，也要避免将因此被视为"好"的东西的意义立法化）。

相对于现代性，后现代性所提供的恰恰是可能性。换句话说，不应当把后现代的婴儿与洗澡水一起倒掉。如果没有对所谓后现代性的东西做出一些想象，要想发展某种对现代性的理解，多少就是不可能的了。后现代性就是对界限的超越。现代性也因此成为可以探究、可以解释的一种境况。但后现代性，或者至少是不加批判、过于热忱地占据后现代空间，却另有一些蕴涵，或许不是那么完全值得欲求的。

很显然，如果说后现代性蕴示着某种摆脱了现代性之种种界限的超越性境况，那么它也因此蕴示了这样一种境况，对已经发生的或尚未发生的东西的地位，已经很难追问了。说到底，后现代性意味着对某些界限的超越，正是这些界限奠定了基础，使人们能够认知可能发生的事情（如果没有界限，完全有可能出现不可能存在任何理解的状况）。如此一来，后现代性作为对现代种种界限的超越，意味着一种特殊的境况，其中存在的东西无法被说明或解释。它只能被视为一种无法变更的简单事实。在后现代境况中，现存的东西是没有界限的（说到底，不存在任何界限让它能够处在其内，不存在任何界限能够容纳它）。在所蕴示的情境中，现存的东西可以挫败并始终摆脱任何对它做出表征和理解的尝试。这是一桩单调的事实，在解释学的角度上很可能没有任何替代选择的余地。

因此，后现代性将社会范畴和文化范畴推到了社会维度和社会层面的理解范围之外，因此社会范畴和文化范畴也就可能超出了社会维度与社会层面的干预范围。这其实就等于是说，后现代性所蕴示的无非就是建构了一种新的自然狡计。它或许暴露出了一种否定人的自由的倾向，但肯定是拒绝直面自由的全面后果（不过我们也知道，自从康德与存在主义者以来，在有些人眼里，废除自由其实倒可能是一种很吸引人的提议，尽管这样做的理由千差万别。自由并非轻易之事，也不一定令人愉快。但它却是我们所能拥有的极致）。

后现代境况意味着仅仅有能力收集并记录现存的东西，而没有任何机会将"为什么？"的提问给合法化。换句话说，这是把现存的东西呈现为纯粹经验的事实，其意义基本仅限于物质上对其存在状态的操心。

不管是什么社会学，只要还继续关注现代性的事业、教训及旨趣，就会完全淹没于后现代性的蕴示之中。但是，不管是什么社会学，只要对现代性的问题与可能性感到绝望，转而应对后现代的境况与偶然性，就不再有能力对不管什么东西做出评判。相反，它会沦为一种单纯的、多少有些无足轻重的描述。经验主义取代了评价，无论这样的评价可能有多么不情不愿，多么令人困窘。但是，具有一定的评价能力总是必要的。如果不再相信自己有能力谴责某些做法、支持另一些做法，等于是放弃了我们对他人的责任。

后现代性意味着理解能力趋于呆钝，事实上，似乎只能有纯属徒劳的描述尝试，有鉴于此，后现代性表现出与崇高（sublime）[1]之间的某种对抗。换言之，可以从有关崇高的问题的角度来解读后现代性，而对于这个问题，现代的勾勒界限的做法据说已经（从它们自己的角度来看不可谓不成功）在社会层面的情境

---

[1] 这里是选取了凸显其积极建构、直面现实的意涵，如果在凸显其消极逃避、无视现实的意涵的地方，本书前文译作"缥缈高远"。从"崇高"到"缥缈高远"再到重回"崇高"，正是建构—解构—再建构这种纠结的反映。无论如何，太阳依旧需要升起。

中解决了。当然，崇高这一概念自有其漫长而复杂的历史。这个概念很少充当社会学洞见的源泉，甚至从来不曾有过。但是，或许只有通过崇高，才有可能开始领悟到后现代性可能的意味，哪怕心中依然不情不愿。

利奥塔比较明确地指出："因此，这里看到的是崇高感的瓦解：一种非常庞大、非常有力的客体对象威胁到一切'发生的事情'，剥夺了它们的灵魂，令其震惊……灵魂陷于麻木，失去活力，如同僵死。"（Lyotard，1984：第40页）。这种看法基于埃德蒙·柏克，并在较小的程度上借鉴了康德，只是对康德颇有些批判意味。如果说后现代的社会交往以其无休无止的消费和新部落主义游戏，被界认为一种单纯的事实，只能通过有关日常生活的民族志来辑录和描述，那么它就不再能够被理解为一种"发生"过程。它只是存在于其单纯的事实性。再没有任何标准使人们能够将现存的东西建构为以相对于那种方式而言的这种方式发生的事情。人们不再能够从解释学范畴和界限的角度对现存的东西做出说明和评估。相反，在人们的领会中，现存的东西太过宏大，因为没有了理解的界限。这样的话，它在精神上就是致命的。

现代社会学所诉求的那些受界限限制的世界或许会带来灾难性的后果（比如昆德拉在其欧洲小说史上强调的那些后果）。但是，至少这类世界体现出对于崇高问题的超越。它们至少为自由、为社会文化反思留有一席之地。现代的界限提供了某种方式，让社会层面区别于处在事物秩序之外的过于宏大、过于强大的世界。而社会学的范畴则使世上万事万物与有赖于社会文化角度的理解相契合。甚至可以说，它们使受界限限制的世界变得美丽。

有必要再次引用利奥塔的话。在接下来的行文中，也有必要用"艺术"这个词来取代"社会学"。利奥塔谈的是崇高／缥缈高远的客体的危险，他说："艺术通过远离这一威胁，求取一种释然的快乐，陶醉的快乐。幸亏有了艺术，灵魂又回到了生死之间令人激动的地带，而这种激动就是它的健康，它的生命。"（Lyotard，1984：第40页）社会学一心想达成的成就目标与此基本相同。当然，这个令人激动的地带给人带来如许陶醉、如许释然，也带来如许恐慌，它的一个实例就是物化与反思之间业已界认、屡经表述的那种冲突。这是现代性的核心神话／迷思，但它所表达的无非是社会角度和文化角度对于崇高／缥缈高远的界限化过程所包含的一些利害、承诺与难题。

后现代性所蕴示的那些忧虑与沉默，反映的就是与崇高／缥缈高远之间的对抗。而后现代性的棘手之处所蕴示的，无非就是自由与反思性有可能根本是不可能的（a possibility of the impossibility）。诚如利奥塔所言："再不会有什么更进一步的东西发生，正是这一威胁点燃了崇高／缥缈高远。"（Lyotard，1984：第40页）或者，利奥塔还有这么一段话，可以解读为非常精确地概括了后现代活动出于什么原因，不顾一切地进行着没完没了的消费，并亟需被视为在做什么事情："隐藏在对创新的嘲讽态度之下的，当然是一种绝望，认为再不会有什么更进一步的东西发生。"（Lyotard，1984：第43页）从理解和解释社会范畴的角度来看，从增进社会世界中自由的可能性的角度来看，后现代性的确蕴示着一种独特的可能性：再无任何别样的东西将会发生。

但是，要期待有什么别样的东西发生，或许本来就是荒谬的。说到底，为何就该有什么别样的东西发生？

不妨认为，从后现代的视角来看，其实已经没有任何东西有待发生了。定论其实或许已经说出。后现代性展现出人性普遍性的前景。当然，这种普遍性在同等程度上也是技术的蕴涵的产物，事实上，也是不朽性这一尘世的形上赌赛的产物。但是，这种普遍性依然会比任何一位哲学家以其最奔放的思辨所能想象的来得更有可能实现，更为切实可行。

或许可以把后现代性看作是人类历史的巅峰，不仅如此，还像是自从哲学诞生以来被人们不顾一切、满怀期冀地表达的所有那些希望和雄心的终极实现。只要毫不理会前历史性人群和历史性人群破败不堪的残余，任他们隐约闪现在后现代性金碧辉煌的拱廊街外，这时候，仿佛这个世界已经最终获得了完满清晰的呈现。仿佛世界的种种奥秘都已经被一劳永逸地解决。但是，不管怎样，那些衣衫褴褛、肮脏污秽的大众又意味着什么？从后现代的视角来看，他们其实什么也不意味，因为没有任何东西有待他们去意味。一切居处在后现代性下的人现在所能做的，就只是辑录他们的在场。充其量，他们只能够问问穷人，穿着破衣烂衫有何感觉？不再有任何事情能够去做，因为穷人的在场／呈现不再意味着任何社会文化过程发生。他们肮脏，他们可怜，这就是他们之所是，除此无他。

这些就是缥缈高远／崇高的后现代性的标志。它太过宏大，无法理解。不过，或许根本就不存在任何求解意志（will to understand），原因很简单，已然不存在任何东西有待理解。不再有谜团留待求解，也不再有深藏的真理。说到底，对于后现代性，有了后现代性，则所见即所得。除此再无需多言。哲学家们的梦想很可以算已经实现。至少对某些人来说，真的不再有需要，不再有

第七章 结语　　223

需求，不再有不适。至少对某些人来说是这样。但那也意味着，不再有希望。

过一种后现代的日子（To live the post-modern life），就是要活在一种无视之中，无视现代性的教益，尤其是卡夫卡的教益：希望的前提条件就在于，所希望的东西必然是无法抵达的。活出后现代的生命（To live the post-modern life），就是要活在一种真理之中：其实，唯一比未能实现希望还要糟糕的事情，就是实现希望。

参考文献

Adorno, Theodor W. (1973) *Negative Dialectics*, trans. E.B.Ashton, London: Routledge & Kegan Paul.
—— (1989) 'Perennial Fashion—Jazz', trans. S. and S.Weber, in S.E. Bonner and D.M.Kellner (eds), *Critical Theory and Society. A Reader*, New York: Routledge.
Adorno, Theodor W. and Horkheimer, Max (1972) *Dialectic of Enlightenment*, trans. J.Cumming, New York: Herder and Herder.
Baudrillard, Jean (1983) *In the Shadow of the Silent Majorities*, trans. P.Foss, P. Patton and J.Johnston, New York: Semiotext(e).
Bauman, Zygmunt (1987) *Legislators and Interpreters. On Modernity, Post-modernity and Intellectuals*, Oxford: Polity.
—— (1991) *Modernity and Ambivalence*, Cambridge: Polity.
Beck, Ulrich (1992) 'From Industrial Society to the Risk Society: Questions of Survival, Social Structure and Ecological Enlightenment', *Theory, Culture and Society*, 9(1): 97–123.
Benjamin, Walter (1983) *Charles Baudelaire. A Lyric Poet in the Era of High Capitalism*, trans. H.Zohn, London: Verso.
Berman, Marshall (1983) *All That is Solid Melts into Air. The Experience of Modernity*, London: Verso.
Borges, Jorge Luis (1970) *Labyrinths. Selected Stories and Other Writings*, trans. D.A.Yates and J.E.Irby, Harmondsworth: Penguin.
Chase, Malcolm and Shaw, Christopher (1989) 'The Dimensions of Nostalgia' in C.Shaw and M.Chase (eds), *The Imagined Past. History and Nostalgia*, Manchester: Manchester University Press.
Chaucer, Geoffrey (1951) *The Canterbury Tales*, trans. N.Coghill, Harmondsworth: Penguin
Clark, T.J. (1985) *The Painting of Modern Life. Paris in the Art of Manet and His Followers*, London: Thames & Hudson.
Deleuze, Gilles and Guattari, Felix (1986) *Nomadology: The War Machine*, trans. B.Massumi, New York: Semiotext(e).
Douglas, Mary (1975) *Implicit Meanings. Essays in Anthropology*, London: Routledge & Kegan Paul.
Durkheim, Emile (1952) *Suicide. A Study in Sociology*, trans. J.A. Spaulding and G.Simpson, London: Routledge & Kegan Paul.
—— (1984) *The Division of Labour in Society*, trans. W.D.Halls, Basingstoke: Macmillan.
Eliot, T.S. (1982) *Little Gidding* in P.Porter (ed.), *The Faber Book of Modern Verse*, 4th Edition, London: Faber & Faber.
Engels, Frederick (1942) 'Speech at the Graveside of Karl Marx' in *Karl Marx. Selected Works in Two Volumes*, vol. 1, London: Lawrence & Wishart.
Freud, Sigmund (1961) *Civilization and its Discontents*, New York: W. W. Norton.
Giddens, Anthony (1971) *Capitalism and Modern Social Theory. An Analysis of the Writings of Marx, Durkheim, and Max Weber*, Cambridge: Cambridge University Press.
—— (1990) *The Consequences of Modernity*, Stanford: Stanford University Press.
Goethe, Johann Wolfgang (1949) *Faust. Part One*, trans. P.Wayne, Harmondsworth: Penguin.

Goffman, Erving (1968) *Stigma. Notes on the Management of Spoiled Identity*, Harmondsworth: Penguin.

Gorz, André (1982) *Farewell to the Working Class. An Essay on Post-Industrial Socialism*, trans. M.Sonenscher, London: Pluto.

Gouldner, Alvin W. (1975) 'Prologue to a Theory of Revolutionary Intellectuals' *Telos*, no. 26: 3–36.

—— (1985) *Against Fragmentation. The Origins of Marxism and the Sociology of Intellectuals*, New York: Oxford University Press.

Heidegger, Martin (1978) *Basic Writings*, ed. D.Farrell Krell, London: Routledge & Kegan Paul.

Heller, Agnes (1990) *Can Modernity Survive?* Cambridge: Polity.

Heller, Agnes and Fehér, Ferenc (1988) *The Postmodern Political Condition*, Cambridge: Polity.

Husserl, Edmund (1970) *The Crisis of European Sciences and Transcendental Phenomenology. An Introduction to Phenomenological Philosophy*, trans. D. Carr, Evanston: Northwestern University Press.

Huysmans, Joris-Karl (1952) *Downstream*, trans. R.Baldick, London: The Fortune Press.

—— (1959) *Against Nature*, Harmondsworth: Penguin.

Jonas, Hans (1984) *The Imperative of Responsibility. In Search of an Ethics for the Technological Age*, trans. H.Jonas and D.Herr, Chicago: University of Chicago Press.

Kafka, Franz (1979) *Description of a Struggle and Other Stories*, Harmondsworth: Penguin.

Kant, Immanuel (1963) 'The End of All Things' in *On History*, ed. L. W.Beck, Indianapolis: Bobbs-Merrill.

—— (1970) *Kant's Political Writings*, ed. H.Reiss, Cambridge: Cambridge University Press.

Kundera, Milan (1988) *The Art of the Novel*, trans. L.Asher, London: Faber & Faber.

Levinas, Emmanuel (1988) *The Provocation of Levinas. Rethinking the Other*, ed. R.Bernasconi and D.Wood, London: Routledge.

Lukács, Georg (1991) 'Georg Simmel' *Theory, Culture and Society*, 8(3): 145–50.

Lukes, Steven (1981) 'Fact and theory in the social sciences' in D. Potter (ed.) *Society and the Social Sciences*, London: Open University Press.

Lyotard, Jean François (1984) 'The Sublime and the Avant-Garde' *Art Forum*, April: 36–43.

—— (1989) 'Complexity and the Sublime' in L.Appignanesi (ed.) *Postmodernism. ICA Documents*, London: Free Association Books.

MacIntyre, Alasdair (1985) *After Virtue. A Study in Moral Theory*, Second Edition, London: Duckworth.

Maffesoli, Michel (1988) 'Jeux De Masques: Postmodern Tribalism' *Design Issues*, vol. IV(1–2): 141–51.

—— (1989) (ed.) 'The Sociology of Everyday Life' *Current Sociology*, 37(1).

Marlowe, Christopher (1976) 'Doctor Faustus' in Christopher Marlowe. *Complete Plays and Poems*, ed. E.D.Pendry and J.C.Maxwell, London: Dent.

Marx, Karl (1938) *Capital. A Critical Analysis of Capitalist Production*, vol. 1, London: George Allen & Unwin.

—— (1942) 'Critique of the Gotha Programme' in *Karl Marx. Selected Works in Two Volumes*, vol. 2, London: Lawrence & Wishart.

—— (1973) 'Speech at the Anniversary of the People's Paper' in *Karl Marx, Surveys from Exile. Political Writings Volume 2*, ed. D. Fernbach, Harmondsworth: Penguin.

—— (1973a) 'The British Rule in India' in *Karl Marx. Surveys from Exile. Political Writings Volume 2*, ed. D.Fernbach, Harmondsworth: Penguin.

—— (1977) *Economic and Philosophic Manuscripts of 1844*, Moscow: Progress Publishers.

Marx, Karl and Engels, Frederick (1967) *The Communist Manifesto*, Harmondsworth: Penguin.

—— (1970) *The German Ideology*, ed. C.J.Arthur, London: Lawrence & Wishart.

Mendus, Susan (1989) *Toleration and the Limits of Liberalism*, Basingstoke: Macmillan.

Musil, Robert (1953) *The Man Without Qualities. Volume 1*, trans. E. Wilkins and E.Kaiser, London: Seeker and Warburg.

Nicholson, Linda J. (ed.) (1990) *Feminism/Postmodernism*, New York: Routledge.

Redner, Harry (1982) *In the Beginning was the Deed. Reflections on the Passage of Faust*, Berkeley: University of California Press.

Rorty, Richard (1989) *Contingency, Irony, and Solidarity*, Cambridge: Cambridge University Press.

Saint-Simon, Henri (1976) *The Political Thought of Saint-Simon*, ed. G. Ionescu, London: Oxford University Press.

Sartre, Jean-Paul (1965) *Nausea*, trans. R.Baldick, Harmondsworth: Penguin.

Schivelbusch, Wolfgang (1980) *The Railway Journey. Trains and Travel in the 19th Century*, trans. A.Hollo, Oxford: Basil Blackwell.

—— (1988) *Disenchanted Night. The Industrialisation of Light in the Nineteenth Century*, trans. A.Davies, Oxford: Berg.

Simmel, Georg (1950) *The Sociology of Georg Simmel*, trans. and ed. K.H.Wolff, New York: The Free Press.

—— (1971) *On Individuality and Social Forms. Selected Writings*, ed. D.N. Levine, Chicago: University of Chicago Press.

—— (1990) *The Philosophy of Money*, trans. T.Bottomore and D. Frisby, Second Edition, London: Routledge.

Skvorecky, Josef (1985) *The Engineer of Human Souls*, trans. P. Wilson, London: Chatto and Windus.

Sontag, Susan (1991) *Illness as Metaphor, and AIDS and its Metaphors*, Harmondsworth: Penguin.

Tester, Keith (1992) *The Two Sovereigns. Social Contradictions of European Modernity*, London: Routledge.

—— (1992a) *Civil Society*, London: Routledge.

Tönnies, Ferdinand (1955) *Community and Association (Gemeinschaft und Gesellschaft)*, trans. C.P.Loomis, London: Routledge & Kegan Paul.

Ure, Andrew (1968) 'Dr Ure on the Philosophy of Manufactures, 1835' in M. Walker (ed.) *Metternich's Europe*, London: Macmillan.

Weber, Max (1930) *The Protestant Ethic and the Spirit of Capitalism*, trans. T. Parsons, London: George Allen&Unwin.

—— (1948) *From Max Weber. Essays in Sociology*, ed. H.H.Gerth and C.Wright Mills, London: Routledge & Kegan Paul.

Williams, Raymond (1973) *The Country and the City*, London: Chatto & Windus.

Williams, Rosalind (1990) *Notes on the Underground. An Essay on Technology, Society, and the Imagination*, Cambridge, Massachusetts: The MIT Press.

Yeats, W.B. (1982) *The Second Coming* in P.Porter (ed.) *The Faber Book of Modern Verse*, fourth Edition, London: Faber & Faber

中外人名索引 [1]

阿多诺 Adorno, T. 17, 76, 94, 98, 122
埃利亚斯 Elias, N. 78
艾略特 Eliot, T.S. 10, 121

巴尔扎克 Balzac, H. 16
鲍德里亚 Baudrillard, J. 35, 51–52, 101
鲍曼 Bauman, Z. 59, 73, 154
贝克 Beck, U. 114–115
波德莱尔 Baudelaire, C. 132
柏克 Burke, E. 158
博尔赫斯 Borges, J-L. 124–125, 127–128, 129
伯曼 Berman, M. 56, 60, 62

道格拉斯 Douglas, M. 3–4
德勒兹 Deleuze, G. 75
狄德罗 Diderot, D. 16
杜尚 Duchamp, M. 32

恩格斯 Engels, F. 24, 25, 40, 41, 45–46, 48–49, 108–109, 143

费赫 Fehér, F. 28, 33, 134–135, 136–137, 138–140, 143, 149
弗洛伊德 Freud, S. 20, 31
福柯 Foucault, M. 48, 140
福楼拜 Flaubert, G. 16

歌德 Goethe, J. 56, 57-60, 66–67
戈尔兹 Gorz, A. 35, 49–51
戈夫曼 Goffman, E. 144–145
葛兰西 Gramsci, A. 27
古尔德纳 Gouldner, A. 2, 25–26, 35
瓜达利 Guattari, F. 75

海德格尔 Heidegger, M. 1, 40, 90–100, 105, 113
赫勒 Heller, A. 21–22, 28, 33, 134–135, 136–137, 138–140, 143, 149
胡塞尔 Husserl, E. 14–15, 16, 17, 19, 20, 37
霍克海默 Horkheimer, M. 17, 98

吉登斯 Giddens, A. 85

卡夫卡 Kafka, F. 1, 16, 40, 81–82, 87, 92, 125, 137, 160
康德 Kant, I. 23–24, 25, 26, 46–47, 54, 58, 59, 62, 63, 74, 124, 140, 155, 157,158
孔德 Comte, A. 106
库恩 Kuhn, T. 26
昆德拉 Kundera, M. 1, 15–17, 20, 22, 24, 37, 40, 57, 159

勒维纳斯 Levinas, E. 148
雷德纳 Redner, H. 56, 57, 121–123
利奥塔 Lyotard, J-F. 46, 47, 155–156, 158–159
卢卡奇 Lukács, G. 13, 17

---

[1] 此处及中外主题索引中的页码系英文版页码，即中译本的边码。

卢克斯 Lukes, S. 155
罗蒂 Rorty, R. 2, 147, 149–150

马菲索里 Maffesoli, M. 76–78, 105, 137–140, 141, 142
马克思 Marx, K. 13, 14, 17, 24, 25, 34–46, 47, 48–49, 50, 51, 60–63, 69, 74, 107, 108–112, 118, 143
马洛 Marlowe, C. 56–57
麦金泰尔 MacIntyre, A. 129
门杜斯 Mendus, S. 147–148
穆齐尔 Musil, R. 113–114, 125

尼采 Nietzsche, F. 20, 21

齐美尔 Simmel, G. 6–14, 15, 17, 18, 20–21, 23, 24, 26, 33, 36, 37, 41, 42, '46, 52, 69,' 96, 131, 151
乔叟 'Chaucer, G. 79, 80

塞万提斯 'Cervantes, M. 15–16, 17, 22
桑塔格 Sontag, S. 86, 129–131, 145–146, 148
圣西门 Saint-Simon, H. 104, 105–106, 109, 111, 112
斯密（亚当·）'Smith, A. 107

滕尼斯 Tönnies, F. 67–70, 71, 73, 74
涂尔干 Durkheim, E. 19, 71–73, 74–75, 76

威廉斯（雷蒙·）Williams, Raymond 64–65, 66
威廉斯（罗莎琳·）Williams, Rosalind 87, 89, 90–91
韦伯 Weber, M. 17–19, 23, 26, 57, 79, 87, 114, 128, 155

希弗尔布施 Schivelbusch, W. 87–88, 89, 90, 93, 101

叶芝 Yeats, W.B. 55, 59

尤尔 Ure, A. 104–105, 106–108, 109, 110, 111, 112
于斯曼 Huysmans, J-K. 72, 73, 131–134, 135–136, 137, 138, 139
约纳斯 'Jonas, H. 116–120, 123, 148

中外主题索引

癌症 cancer 86

艾滋病 AIDS 130–131, 145–146

不朽 immortality 124–125, 126, 127–128, 145, 160

朝圣者 pilgrims 73–74, 76, 77, 79–80, 81, 82, 83, 84, 85, 96–97, 99, 106, 111, 120, 121, 122, 123, 132, 133, 136, 138, 141, 142, 143, 144, 146, 147

城市 city, the 12–13, 65–68, 70, 76, 117–118, 120, 131, 134, 142

传统 tradition 62–63, 69, 83, 92

存在主义 existentialism 55

大众 masses, the 51–52

电灯 electric light 87, 90

电脑病毒 computer viruses 86–87, 94

反思性话语 reflexive discourse 25–26, 27, 28, 46, 51, 54, 78, 98

分工 labour, division of 12, 13, 44, 107, 110

风险社会 risk society 114–115

浮士德 Faust 56–60, 61, 62, 66–67, 72

共产主义 communism 35, 42–45, 46, 47, 49, 52, 74, 80, 82–83, 111

共同体 Gemeinschaft 67, 68–70, 71, 74

后工业社会 post-industrial society 50

后稀缺经济 post-scarcity economy 140–142

后现代性 post-modernity 27–29, 31–33, 47, 51, 52, 53, 55, 61, 76–77, 78, 83, 84, 85, 90, 100, 101, 102, 103, 114, 115–116, 120–121, 122, 123–124, 125–126, 127, 128–129, 130, 131, 134, 136, 137, 139–140, 141—150, 151–160

怀旧 / 恋乡 nostalgia 54, 63–67, 69, 70–71, 72, 73, 78, 80, 132, 137

货币 money 12–13, 16, 17, 69

技术 technology 84–86, 87, 89, 90, 91–100, 102–108, 110, 111, 112–113, 114, 115, 116–120, 121, 122–123, 127, 128, 129, 141, 160

技术专家 technicians 26

阶级 class 34–35, 37

科学 science 14, 18–19, 23, 57

宽容 toleration 147–148

劳动 labour 36, 37–38, 39

历史 history 16–17, 48, 52, 61, 64, 78, 116, 119, 121, 134, 143, 147, 160

马克思主义 Marxism 35, 36, 51

煤气 gas 101

民众 people, the 77–78

末日天启 apocalypse 129, 130–131

偶然性 contingency 131, 133–134, 135, 136, 137–139, 140–141, 143–144, 145–146, 147, 149–150

231

缥缈高远 / 崇高 sublime, the 7, 47, 48, 158–159, 160

启蒙运动 Enlightenment 23–24, 54, 58, 62, 63, 155

求定意志 will to certainty 21, 23–24, 36, 42, 54–55, 83, 151, 156

求知意志 will to know 21, 23, 24, 25, 36, 42, 54–55, 56, 58, 59, 61, 62, 66, 67,83, 100, 151, 156

权利 rights 43, 44

商品拜物教 commodity fetishism 13, 38–39, 42, 51

社会体 Gesellschaft 67, 68–70, 71, 74

社会学 sociology 153–160

社会主义 socialism 49

神话 / 迷思 myths 3–4, 14–15, 18, 37, 55, 69, 95, 97, 99, 102, 159

生命 life 7, 9–10, 11–12, 13, 15, 17, 19, 20–21, 23, 24–25, 26, 41, 42, 68,89, 103, 122, 123–124, 127, 128, 136, 151

失范 anomie 72, 129

时间 time 10–11, 16

死亡 death 56, 86, 117, 118, 121–124, 125, 126–127, 128, 131

铁路 railways 87–88, 89, 90, 93

未来性 / 未来 futurity/future 61–62, 63, 64, 65, 66, 67, 71, 72, 73, 79, 82, 83, 84, 96, 97, 98, 100, 111, 112, 114, 120–121, 125, 129, 130

污名 stigma 144–145, 146, 147

无产阶级 proletariat 34–35, 41, 42, 45–47, 48–49, 50, 51, 52, 61, 74, 78,109,111, 120

希望 hope 79–80, 160

稀缺 scarcity 141, 142–144

线性时间 linear time 64, 66, 69, 71, 74, 76, 77, 78, 82, 83, 84, 85, 97, 104, 105, 106, 108, 114, 115, 116, 120, 121, 124, 128, 129–130, 131, 133, 134, 137, 141, 154

消费 consumption 52, 57, 76, 116, 142, 144, 158, 159

小说 novels 15–16, 40, 150

新部落主义 neo-tribalism 76–78, 137–140, 141, 158

心脏病 heart disease 86

异化 alienation 37, 88, 111

印度 India 62–63

游牧民 nomads 73, 75–76, 77, 84, 85, 99, 101, 115–116, 120, 121, 123, 129, 139, 141, 144

知识分子 intellectuals 25–26, 27, 32–33, 34, 35, 44, 56, 58, 59, 74, 75–76, 88, 94, 98, 99, 100, 113–114, 116, 134

知识阶层 intelligentsia 26, 27, 33, 35, 116

资本主义 capitalism 35–37, 39, 40, 42–43, 62, 108, 109, 110–111, 112

资产阶级 bourgeoisie 40–41, 45, 46, 108

自然狡计的解构 natural artifice, deconstruction of 21–22, 24, 26, 32, 41, 48, 53, 64, 79, 81, 85, 92, 102, 105, 151, 154

自杀 suicide 72, 73, 122

自由主义的反讽主义 liberal ironism 147, 149–150

译者后记

这是一本多年前进北大读书后不久就遭遇到的书，只是无论在国际还是国内学术界，它始终没有红过。但它曾经深深影响过我，这就够了。感谢编辑徐文宁先生因我的推荐和他的试读而接受了这本书的选题，也感谢多年来在各种课堂上忍受我终结课程时煽十五分钟情的学生们——那种死乞白赖忽悠的勇气甚至老黄瓜刷绿漆的文字就来自当年这本书对我的诱引。

那时候的校园里，空气中传播的是"问我借半块橡皮"，而不是"你偷我一棵白菜"。这本书里谈的昆德拉、博尔赫斯和卡夫卡，还是可以忽悠小资文青的；把他们和马克思、海德格尔、齐美尔扯到一起，就更能招惹一干有志学术或有志和学术人混在一起的疑似小资文青了；至于鲍德里亚、鲍曼和马菲索里，那时还等在学术潮人的进口报关单里。

看着自己二十三岁时的笔记，过了十五年重新翻译、梳理、体会，依旧在满纸的"界限"与"超越"中流转，不知该慨叹自己人生蹉跎如杯具不长进，还是岁月恍惚似洗具无厘头。唯一能够肯定的，或许是对第六章有了更为真切的体会，当年学会了"other"叫作"它者"，现在知道原来不过还是他人。

十五年前，对于读书，那肯定不是条件最好的时代，但因此也肯定不是环境最坏的时代。那是心境最平常的时代。在那个没有网络、手机和热闹的时间，后现代的生活反倒是可能的。而十五年后，后现代绝不再时髦，甚至连说"你才后现代，你们全家都后现代"也已经老套，我可以非常放心地翻译这本挂羊头卖狗肉的"后现代"书籍了。

1994年时的初读，我要感谢北大图书馆旧馆时代的218文科西文新书阅览室，和在那间偏僻阴冷的房间中默默值守、永远准备在学习如何爱智的学生之间传递温暖阳光的周慕红老师，一位普通的图书馆馆员。

2009年时的重译，我要感谢北大深圳研究生院的一群"不靠谱"青年，置身一个被现代性的城中村重重包围的前现代性的大学城，我和他们一起在后现代性的多重时间和生命体验中，无奈且勇敢地"纠结"着。

又怎么可以不勇敢？

李康

2010年1月10日于京北西二旗

一瞬之间，距离这本不起眼小书的中译问世，十年过去了。本次再版译者并未重修，事实上，面对这样一本书，时过境迁，十年后的译者在阅读理解和选词成句方面未必能有更好的表现。感谢出版方对这本冷门书的再次挖掘，更感谢朱艺星女士通过细致的编校，订正了不少我当年反复看也没看出、导致谬传多年的错误，也更新了一些注释信息。

十年之后，这本原本就显得"老旧"的"后现代"的书仿佛更加不合时宜,而当年写的译后记的许多话也似乎过于轻飘。只有最后一句,在这样一个雄壮热血与沉郁迷茫都愈益浓烈的时代,仍然散发出复杂深切的况味:又怎么可以不勇敢?

李康

2020 年 4 月 12 日于京北西二旗 补记

图书在版编目（CIP）数据

后现代性下的生命与多重时间 /（英）基思·特斯特著；李康译.
-- 上海：上海文艺出版社，2020（2025.1 重印）
ISBN 978-7-5321-7647-2

Ⅰ.①后… Ⅱ.①基… ②李… Ⅲ.①后现代主义—研究 Ⅳ.① B089

中国版本图书馆 CIP 数据核字（2020）第 064476 号

The Life and Times in Post-Modernity / by Keith Tester / ISBN: 978-0-4150-9832-8

Copyright © 1993 by Routledge
Authorized translation from English language edition published by Routledge,
a member of Taylor & Francis Group. All Rights Reserved.
本书原版由 Taylor & Francis 出版集团旗下 Routledge 出版公司出版，
并经其授权翻译出版。版权所有，侵权必究。

Shanghai Literature & Art Publishing House is authorized to publish and distribute exclusively the Chinese (Simplified Characters) language edition. This edition is authorized for sale throughout Mainland of China. No part of the publication may be reproduced or distributed by any means, or stored in a database or retrieval system, without the prior written permission of the publisher.
本书中文简体翻译版授权由上海文艺出版社独家出版并仅限在中国大陆地区销售，未经出版者书面许可，不得以任何方式复制或发行本书的任何部分。

著作权合同登记图字：09-2019-479

发 行 人：毕　胜
责任编辑：肖海鸥　邱宇同
特约编辑：朱艺星

书　　名：后现代性下的生命与多重时间	装帧设计：梯·周安迪
作　　者：[英]基思·特斯特	内文制作：梯·邱江月
译　　者：李　康	
出　　版：上海世纪出版集团　上海文艺出版社	
地　　址：上海市闵行区号景路 159 弄 A 座 2 楼　201101	
发　　行：上海文艺出版社发行中心	
上海市闵行区号景路 159 弄 A 座 2 楼 206 室　201101　www.ewen.co	
印　　刷：苏州市越洋印刷有限公司	
开　　本：889×1194　1/32	印厂业务总监：薛华杰
印　　张：7.5	印前检查：唐国军
插　　页：2	拼版：陈素琴
字　　数：168 千字	印刷机长：菅宽宽
印　　次：2020 年 6 月第 1 版　2025 年 1 月第 5 次印刷	封面裱壳：吴远良
ＩＳＢＮ：978-7-5321-7647-2/C.0075	封面工艺：杨欢
定　　价：66.00 元	精装龙机长：黄达勇
告读者：如发现本书有质量问题请与印刷厂质量科联系	质检：陈春琴
Ｔ：0512-68180628	